# 障害児教育福祉史の記録
## アーカイブスの活用へ

小川英彦 著
Ogawa Hidehiko

三学出版

## まえがき

　近代的な意味での障害児教育が、わが国において始められたのは、明治以降のことである。1878（明治11）年に京都に盲啞院（後の京都市立盲啞院）が創設され、近代盲・聾教育が開始された。

　知的障害を対象としたものは、本書で取り上げた1891（明治24）年に石井亮一が開設した滝乃川学園に淵源をもつ。この学園の特徴は、知的障害児を対象に、セガンの生理学的方法を基礎にして指導する点にあった。すなわち、生活と発達を同時に保障する、今日でいう児童福祉施設における教育法が模索されていたのである。ここに、本書が扱おうとする「教育と福祉」の機能を見出すことができる。

　その後の歩みの中で、21世紀になって大きなパラダイムチェンジが起きた。それは、2007（平成19）年に実施された「特殊教育」から「特別支援教育」への制度改革である。その特徴は、特別な教育的ニーズを把握し指導する点、教育・福祉・医療などが連携し、ライフステージにわたって支援する点にある。

　ところで、かつて社会教育学者の小川利夫（元名古屋大学教授）は『教育福祉論入門』（2001年）の中で、教育福祉という言葉は高度経済期以降において学際的な専門用語として用いられ始めたと指摘している。今日、幼保一元化、子どもの貧困、乳児院や児童養護施設での発達障害児の増加、障害児学齢期をめぐる幼児期からの移行、青年期への移行など、教育と福祉の"谷間"における諸問題は、すでに古くして新しい歴史的課題として、これまでも繰り返し論議されてきた。本書で、生江孝之の児童の権利や杉田直樹の治療教育や療育概念の変遷を取り上げた理由もここにある。

　本書を通して、障害のある子どもを対象にして、教育と福祉と医療と

いった固有の役割はあるものの、よりいっそう「発達保障」していくために各々の領域がつながる事が有効であるという結論を導くことができた。

さて、本書のサブタイトルではアーカイブスの活用を掲げた。

アーカイブスの定義について、たとえば、フリー百科事典『ウィキペディア（Wikipedia）』によると、「重要記録を保存・活用し、未来に伝達することをいう。日本では一般的に書庫や保存記録と訳されることが多いが、元来は公記録保管所、または公文書の保存所、履歴などを意味し、記録を保存しておく場所である」としている。また、『ジーニアス英和中辞典』で"archives"を調べると、「1 古文書、公文書、記録文書 2 （公文書・記録文書などの）保管所、文書局、（公）文書館」とある。これらの表記から、アーカイブスは、記録史資料とそれを収集・保存する機能・施設の両方を意味することを読み取ることができる。

本書では、2010（平成22）年に採択された世界アーカイブ宣言の趣旨を長くなるが引用していく。「アーカイブは、意思決定、行動、記憶を記録する。アーカイブは世代から世代へ引き継がれる唯一無二にしてかけがえのない文化遺産である。アーカイブはその作成段階からそれ自身の価値と意味を保存するために管理される。アーカイブは説明責任の義務及び透明性ある行政経営活動の支えとなる。権威ある情報源である。アーカイブは個々人及び共同体の記憶を保護し、それに寄与することによって、社会の発展に重要な役割を担う。アーカイブへの自由なアクセスは、人間社会の知識を豊かにし、民主主義を促進し、市民の権利をまもり、生活の質を向上させる」

本書が文献整理を載せたのも、以上の趣旨を大切にしたいと考えているからである。昨今では、障害児教育福祉史研究を進める目的から、『学校・施設アーカイブズ入門』（2015年）が刊行されるようになってきた。これも歴史的な経緯であり、本書もこうした刊行の一端に位置づけば幸

いである。

　なお、本書のいくつかの論稿は、巻末の初出一覧にまとめておいた。今回の刊行においては、加筆を最小限にとどめざるをえない事情のもとで構成したこともあり、初出の論述を若干の修正はあるもののかなりそのまま利用していることを断っておきたい。

　さらに、知的障害に関する表現をはじめ、他の表現においてもその時代の表記の仕方を基本としている。ご理解いただきたい。

　当然ながら、本書をもって全貌が明らかになったわけではない。まだまだ未発掘なままになっている資料は相当ある。今後の作業が強く望まれる。本書がいささかなりともお役に立てば、望外の喜びとするものである。

文献
・文部省『特殊教育百年史』、1978 年。
・小川利夫・高橋正教『教育福祉論入門』、2001 年。
・全国歴史資料保存利用機関連絡協議会『世界アーカイブ宣言』（日本語訳）、2010 年。
・学校・施設アーカイブズ研究会『学校・施設アーカイブズ入門』、2015 年。

著　者

# 目　次

まえがき

## 第1章　障害児の保護と教育の起こりについて …………… 1
第1節　はじめに　2
第2節　江戸時代にみられる障害児をとりまく問題　3
第3節　寺子屋における障害児の保護と教育　6
第4節　近代公教育の発足へ　8
第5節　おわりに　10

## 第2章　知的障害児の保護と教育、その社会史的考察について ……………………………… 17
第1節　はじめに　18
第2節　滝乃川学園設立の前提──その社会背景　20
　(1)　スラムの発生と貧児・孤児の増加　20
　(2)　災害の発生と貧児・孤児の増加　24
　(3)　廃娼論の展開の中で　25
　(4)　救貧制度の不備　27
　(5)　キリスト教・仏教思想による児童保護、教育　28
第3節　おわりに　31

## 第3章　「療育」概念の成立について ……………………… 35
第1節　はじめに　36
第2節　戦前における「療育」の成立　37
　(1)　「療育」の萌芽─柏倉松蔵の主張から─　37
　(2)　「療育」という用語の提唱─高木憲次の構想から─　39
第3節　戦後の児童福祉法の成立過程にみられる「療育」施設の変遷　43
第4節　おわりに　46

## 第4章　障害児教育史における生活綴方実践について … 51
 第1節　はじめに　52
 第2節　近藤益雄の実践　53
 第3節　大野英子の実践　56
 第4節　江口季好の実践　59
 第5節　坂爪セキの実践　61
 第6節　おわりに　63

## 第5章　生江孝之の保育事業の特徴について …………… 67
 第1節　はじめに　68
 第2節　生江の研究を取り上げる理由　68
 第3節　生江の先行関連研究と本章の目的と方法　70
 第4節　調査した生江の保育事業関係論文一覧　71
 第5節　生江の保育事業の特徴　72
  (1) 児童救済施設の発展の中で　72
  (2) 海外の保育事業からの影響　73
  (3) 日本キリスト教社会事業との関係　74
  (4) 「児童の権利」が主張される中で　74
  (5) 新たな保育所の位置づけ　75
 第6節　おわりに　76

## 第6章　杉田直樹の「治療教育」観の変遷について ………… 81
 第1節　はじめに　82
 第2節　杉田の代表的な論文の概要　84
 第3節　杉田の「治療教育」観の変遷　90
  (1) 「治療教育」の意義について　90
  (2) 杉田の「治療教育」の内容について　91
  (3) わが国への治療教育学の導入の中で　93
 第4節　戦前の杉田の業績が今日に投げかけている諸点　94
 第5節　おわりに　95

## 第7章　戦前における障害者福祉文献整理（Ⅰ） ……………99

第1節　はじめに　100

第2節　『児童研究』誌上掲載文献　102

第3節　『慈善』『社会と救済』『社会事業』誌上掲載文献　116

第4節　『救済研究』『社会事業研究』誌上掲載文献　120

第5節　『東京府慈善協会報』『東京府社会事業協会報』『社会福利』誌上掲載文献　127

第6節　おわりに　128

## 第8章　戦前における障害者福祉文献整理（Ⅱ） ………129

第1節　はじめに　130

第2節　蒐集・整理にあたって　134

第3節　『日本児童協会時報』及び改題『育児雑誌』誌上掲載文献　136

第4節　『児童研究所紀要』誌上掲載文献　136

第5節　『感化教育』誌上掲載文献　137

第6節　『児童保護』誌上掲載文献　137

第7節　『社会時報』及び改題『厚生時報』誌上掲載文献　138

第8節　『児童』及び改題『子供の研究』改題『愛児』誌上掲載文献　138

第9節　『少年保護』誌上掲載文献　139

第10節　おわりに　140

## 第9章　戦前における障害児保育文献整理 ………………145

第1節　はじめに　146

第2節　保育問題研究会機関誌『保育問題研究』と第三部会の役割　146

第3節　保育問題研究会機関誌『保育問題研究』における障

　　　　　害児保育の展開　147
　　第4節　おわりに　157
第10章　杉田直樹の文献整理 …………………………… 161
　　第1節　はじめに　162
　　第2節　蒐集・整理にあたって　163
　　第3節　研究論文―社会福祉学雑誌関係論文―　163
　　第4節　研究論文―医学雑誌関係論文―　165
　　第5節　研究論文―教育学雑誌関係論文―　167
　　第6節　研究書　169
　　第7節　おわりに　175
第11章　近藤益雄の文献整理 …………………………… 177
　　第1節　はじめに　178
　　第2節　本調査の目的と方法　179
　　第3節　近藤益雄著作年表　184
　　第4節　おわりに　190

　あとがき　191
　初出一覧　193
　索引　194

# 第1章　障害児の保護と教育の起こりについて

## 第1節　はじめに

　津曲裕次は、「日本における精神薄弱問題は、幕末期から明治初期にかけての日本型救貧制度、公教育の進行のなかで、初期社会施設での処遇問題として顕在化する。それに、幕末期からの欧米先進諸国での精神薄弱教育事情の紹介が並行して行なわれていた[1]」と論述している。ここでは明治維新後の30年をわが国における知的障害児教育問題の成立期として把握し、①初期社会施設での処遇史（東京養育院を中心に）、②欧米諸事業紹介史、③諸権利の剥奪、免除史と3つに大別し研究する方法論が提起されている。

　また、松矢勝宏は、「精神薄弱教育問題は、貧児教育のように、慈善事業や社会事業によって貧困問題解決の『積極的事業』として把握されることもなく、また、盲、聾教育問題とも異なった過程を経て成立した。資本主義社会への移行過程で、身分、家柄、村落共同体の扶助によってかろうじて生活していた障害者たちが、その生活基盤を失い、無能力貧民として生理的生存さえおびやかされる状態に陥るという近代障害者問題の成立要因は共通していても、問題対策は盲・聾のそれよりもきわめて遅れて成立した[2]」と指摘している。そして、この問題成立のパターンと要因を、①公立救貧施設型、②義務教育体制の内部矛盾としての「成績不良児」問題型、③感化救済型、④民間慈善・社会事業型に分類している。

　両氏の見解からは、わが国における知的障害問題をめぐっては、前近代的な救済抑制政策のもとで、「教育と福祉の谷間の問題、換言すれば歴史的社会的に切り捨てられてきた児童の問題である[3]」と理解することができよう。

　以上、知的障害問題の成立とその対応に関する研究は一定の蓄積があ

ると言及できる。そこで、本章においては、教育と福祉の統一的実現をめざす立場から、障害児の教育問題と生活問題を切り離すことなく、それらの関係構造を考察することの必要性を指摘することを目的とする。なお、ここでは知的障害を対象にしぼって研究を進めるのではなく、視覚障害、聴覚障害、肢体不自由等といった障害を総じて考えてみることにする。すなわち、障害児問題成立のあり様を、障害児が「どんなふうに生活して来たであろうか、それぞれの時代の、それぞれの社会で、どのような状態におかれ、どのように生活し、また児童はその親から、あるいは社会からどのように考えられ、みられていたか、などの問題をあきらかにしよう[4]」とする意図をベースに求めてみることにした。対象とする時期は、幕末期から明治初期までとし、障害児教育問題が顕在化する歴史的な展開を生活問題という視点から検討してみることとする。

## 第2節　江戸時代にみられる障害児をとりまく問題

表1-1は、江戸時代中期から明治時代中期にかけて（1726年～1892年）の人口動態を整理したものである。この表からは、江戸時代中期以降の全国人口数は、2500万人から2700万人の間にあり、ほとんど増減がないことを読みとることができる。さらに、江戸時代に比較して明治時代前半期においては、全国人口数が急増していっているのが明らかである。1726年を指数100とした場合、江戸時代は指数94～102になっているのに対して、明治時代では1873年が指数125、1882年が指数138、1892年が指数154になっている。このように、江戸時代（中期以降）において人口が静止の状態になっている原因として、「飢饉、伝染病などの災厄、そのほか種々の社会経済上の事情にもとづくが、堕胎殺児や捨児がその大きな原因の一つ[5]」であるととらえられている。

堕胎や殺児、いわゆる間引き(6)が広く行われていたのである。ここには、子どもを多く生んで育てるという生活のゆとりは全くないというのが一般的であったことを読みとることができよう。

この一例として次のような記述がある。「日本のこの人口過剰のため貧乏な親たちは、自分の子が身體薄弱とか畸形の兆候があると、赤坊のうちによく殺すので、ある法律はさうした殺人を厳禁してゐるが、政府は大して人間を必要としないので、余り捜査に身を入れない。従って嬰児は、むしろ政治的な理由によって、死んで行くのである。かくてこの種の犯罪は大したもつれもなく、親たちはいつも罪を免れてゐるのである(7)」これは、1811年に千島の国後島で日本側に捕えられたロシアの艦長ゴローニンの手記であるが、貧しい親たちにとっては障害児が出生すると殺さざるをえないという状況があったことを察することができる。必要な相続人以外、それが特に障害を有していると間引くか、捨てるか、身売りさせるかといった具合になっていたのである。

また、間引きの他には人身売買もけっこうあったことが次の川柳からも読みとれる。「能いむすめ年貢すまして旅へ立つ」「御年貢を大部屋へ来てなし崩し」は、娘を売って年貢を納める農民の悲劇の表現であるが、農村や都市の下層民の娘たちを遊女に売ることは幕府や諸藩の禁令にもかかわらずしばしば行れたのである。さらに、聴覚障害児や肢体不自由児の中には、香具師の手で人身売買に供されることはもとより、見世物小屋等で人目にさらされるという悲惨な境遇にあった子どもたちもいたのである。

表1-1 江戸時代中期から明治時代中期の人口変化数

| 年　号 | 全国人口数（人） | 指　数 |
|---|---|---|
| 1726（享保11） | 26,548,998 | 100.00 |
| 1732（同　17） | 26,921,816 | 101.40 |
| 1744（延享元） | 26,153,450 | 98.51 |
| 1750（寛延3） | 25,917,830 | 97.62 |
| 1756（寶暦6） | 26,061,830 | 98.16 |
| 1762（同　12） | 25,921,458 | 97.63 |
| 1768（明和5） | 26,252,057 | 98.88 |
| 1774（安永3） | 25,990,451 | 97.90 |
| 1780（同　9） | 26,010,600 | 97.92 |
| 1786（天明6） | 25,086,466 | 94.49 |
| 1792（寛政4） | 24,891,441 | 94.76 |
| 1798（同　10） | 25,471,033 | 95.94 |
| 1804（文化元） | 25,517,729 | 96.12 |
| 1816（同　13） | 25,621,957 | 96.51 |
| 1828（文政11） | 27,201,400 | 102.46 |
| 1834（天保5） | 27,063,907 | 101.94 |
| 1846（弘化3） | 26,907,625 | 101.35 |
| 1873（明治6） | 33,300,675 | 125.43 |
| 1882（同　15） | 36,700,118 | 138.24 |
| 1892（同　25） | 41,089,940 | 154.77 |

（本庄榮治郎『日本社会経済史』、社会事業研究会『社会事業大年表』より）

## 第3節　寺子屋における障害児の保護と教育

　近代の障害児教育の前史という面からは、民衆の教育機関であった寺子屋における障害児（聴覚障害児、視覚障害児、肢体不自由児で占める）の存在に注目できよう。『日本教育史資料』(1883年) の 「寺子屋一覧」によると、文明期 (1469年～1486年) 以降慶応3年 (1867年) までの開業数は全国で一万余校にのぼるとされている[8]。この庶民教育機関における障害児の対応は、その教育要求が根底にあったと把握できるが、表1-2はその在籍数について乙竹岩造の『日本庶民教育史』(全3冊、1929年) に報告されたものである。この報告は全国各地の古老への聞き取り調査によるものであって、①寺子屋への不就学の情況とその原因、②盲・聾唖・不具の子どもの寺子屋への通学の有無、③愚鈍にして成績不良な者に対する特別の個別的教授法の有無等の障害児に関する調査項目を設けている[9]。その結果は、①10校に対し1校は失官不具者を収容していた割合である[10]。②多くは都市駅邑の寺子屋である。③失官者の中では聾唖児が最も多い。④隻手・跛足などの不具者が学んでいる。⑤都市の寺子屋では盲児の学についた者若干あり、その教育方法についても工夫・考慮を加えた形跡がみとめられると乙竹が挙げている。障害児の中でも聴覚障害児が最も多かったのは、「寺子屋のカリキュラムが習字を主体としていたことによる」、また、肢体不自由児が通学したのは、「職域が限定されており、文筆に関連した仕事に就くため[11]」と解釈できよう。この調査は、寺子屋全体の1割弱に障害児が在籍している（江戸の場合は約24％と高くなっている）ことが明らかにされた点で高く評価できよう。しかし、もう一方で大多数の障害児は、その障害ゆえに通学の機会を与えられていなかった点を見落とすことはできないであろう。

表 1-2　幕末寺子屋における盲・聾・不具児の就学状況

| 地　　方 | 障害児の通学あり | 通学なし | 不　詳 | 計 |
|---|---|---|---|---|
| 奥羽地方及び北海道 | 46 | 249 | 19 | 314 |
| 関　東　地　方 | 43 | 342 | 37 | 422 |
| 中　部　地　方 | 60 | 613 | 53 | 726 |
| 近　畿　地　方 | 57 | 629 | 39 | 725 |
| 中　国　地　方 | 17 | 300 | 26 | 343 |
| 四　国　地　方 | 24 | 247 | 18 | 289 |
| 九州地方及び沖縄県 | 19 | 231 | 21 | 271 |
| 全国 | 266 | 2611 | 213 | 3090 |

（加藤康昭『日本盲人社会史研究』より）

　ところで、寺子屋での障害児への指導方法は未分化ながらも寺子屋師匠（中には聴覚障害者で師匠であった人もいる）の熱意により試みられていた。以下に聴覚障害児と視覚障害児への指導方法を取り上げてみる。

　「茲に一言すべきは聾・啞児に対する教授である。これには、指を一本・二本と出し示して数字を教へ茶碗・鉄瓶・火鉢・衣類等の実物又は絵画を見せて、その文字を教えることにより始めて、漸次に漢字をも授けた。（鈴松堂師匠増田はん雲晴堂後継者岩瀬米蔵報告）……（中略）……絵草紙を蒐めて、その中から台所用具・魚・虫・禽獣の図を切抜き、それを手本に貼り、傍に文字を書添へたのを造ってこれを用ひた寺子屋もある（日本橋区故老飯塚哲造報告）……（中略）……三四年の後には、簡単なる筆談・書信を為し得るに至ったといふのもある。（雲陽堂後継者黒田恭治夫人報告）[12]」

　「京橋区月松堂の師匠千葉城之介は、安政二年の頃一人の盲生を教へた。初めての経験故、最初はその背後に廻はり手を持ちて、その指頭で、いろは仮名の書き方を授けて見た所が、よく覚えて、僅に三箇月でいろは四十七文字を容易に書き得るに至った。それから童子教・実語教等の読物を授けたるに、皆善く記憶して少しも忘れず、殊にこの盲生は指頭の触覚非常に鋭敏であったから、師匠は更に一考案を廻らし、寺子が席

書、書初等に書損じたる反古を、糊で幾枚も張り重ねて板紙を作り、砥の粉と漆とを煉り混ぜて、この板紙に凸字のいろはを書きそれを指頭で探り読ませた所が、既にいろはの文字を覚えてゐたることとて、容易に指頭にて書き得るに至った<sup>(13)</sup>」

　これらの記述からして、聴覚障害児への実物教授（直観教授）、絵カードの利用、書字や筆談によるコミュニケーション、視覚障害児への凸字指導などの創意工夫<sup>(14)</sup>がなされていたことを知ることができる。「当時の欧米の障害児教育の学校・施設や教育方法（点字・手話・口話法等）の水準に比すれば見劣りはするものの、障害児への取り組み自体は注目に<sup>(15)</sup>」値するといえよう。

## 第4節　近代公教育の発足へ

　「当時の民衆の教育要求に即するものではなかったが、封建教学からの脱皮の方向を明示し、日本の近代公教育体制の理念と構造をあらわ<sup>(16)</sup>」した1872年公布の学制においては、「必ず邑に不学の戸なく家に不学の人なからしめん事を期す人の父兄たるもの宜しく此意を体認し其愛育の情を厚くし其子弟をして必ず学に従事せしめざるべからざるものなり<sup>(17)</sup>」と国民皆学がうたわれていた。しかしながら、障害児教育にいたっては「此外癈人学校アルヘシ」と第29章にきわめて消極的で実態のない規定にとどまっていたのである。

　それに対して民衆の側から、自分たちの要求にもとづいた障害児教育開始への取り組みがみられる。京都では、学制によって、開智校、待賢校、明倫校などのいかにも新しい時代を創っていくのにふさわしい校名の小学校が次々と創立されていく。その中で、「京都では独自の特色を持って、親や近隣篤志家の要求と教師の協力で、公教育としては日本最初の盲聾教育が始められ<sup>(18)</sup>」ることになる。

親・教師・町の指導者層に支えられて成功した取り組みが古河太四郎（1845年～1907年）による聴覚障害児の指導である。岡本稲丸の『近代盲聾教育の成立と発展[19]』によれば、古河の父・直次郎は寺子屋白景堂を開塾し、古河自身も1857年に白景堂の教師となり、その後、待賢小学校の教師となる。そして、1875年頃「区長熊谷伝兵衛の提案を受け、佐久間丑雄らと協力して、校内に瘖啞教場を開[20]」くことになる。同小学校内に教室を開き、わが国で初めての盲聾教育の実践が試みられたのである。古河は「盲啞モ亦人ナリ、天、性命ヲ下ス、動物イヅレニヨリテモ然リ、仮令、不具ナリト雖モ、天、人トシテ性命ヲ与フル限リハ、必人ノ行ヒナクンバアラズ[21]」という人間観・障害児観に立って実践を行っている。その指導は、「啞人ヲ教フルノ要点ハ恕ノ一字」「満腔惻隠ノ心ヲ以テ教授セズンバアルベカラズ」（『京都府下大黒町待賢校瘖啞生教授手順概略』、1878年3月）とあるように、慈善の教育でもってして、書記（筆談）と手勢（手まね）を中心に開始され、かなりの指導効果をあげていたのである。

その後、古河は瘖啞教場をさらに拡張するための運動をし、京都の民衆（参観者は3000人とも推定される）・社寺・富商の寄付を得て、京都府の政策をも動かし、1878年に京都盲啞院を設立することになる。開業式にあたっては、盲生17名、啞生30名、聾生1名の合計48名が参加したようである[22]。こうした開業にいたるには、「当時の社会的背景の中で、親が教育要求を持ったり、近隣篤志家や当時の教師が教育の対象としてとらえる[23]」ことができたのが、公教育として位置づけられていったととらえよう。1879年には移転をするが、その模様を「当時の学則としては普通学科を置き、盲啞生満7歳以上13歳以下の入学を許可するにありき。12年釜座通椹木町南入るに校舎を建設し、9月12日之に移転し、京都府立盲啞院と称し、古河太四郎を院長に任用す[24]」と伝えている。さらに、「当日午前9時式を行るる筈なりしが午前8時

より雨降り始めたれば……（中略）……本日開業式は日本にて始めての開院なれば延す訳にならず且つ式を拝見せんと雨を厭わず市中の老若男女我れも我れもと推かける世間に鬼いないと云ふ諺の如く盲啞生が群集の中を通行する時は手を取り傘を差しかけなどして不具を哀れと思わぬ者なく漸く着場し」と当時の新聞が報じている[25]。この記事からも、民衆の関心の高さを読みとることができる。民衆からの援助については、「仮盲啞院開業によせられた寄付は、東西両本願寺各千円、寺社五口九百二十円、その他市民十三口二百八十円とあり[26]」かなりのものであったといえよう。その指導内容には、低学年の盲児には木刻凸字を触察し文字を覚えさせ、聾児には「発音起源図」を前に口形・発音練習をさせていた。また、高学年の盲児には「小学読本」を暗唱させたり直行練習場での学習を行ったりと独創的な方法がとられていた[27]。同校の開校は、わが国における最初の障害児学校の開校であって、公教育としての障害児教育は1878年をスタートとして本格的に出発していくことになる。

## 第5節　おわりに

頭書の課題にそくして、以下にまとめを行ってみる。

　第一に、社会的背景についてである。間引きがみられた江戸時代中期以降、特に幕末の農村の窮乏化は「窮民に転落する条件を抱えこんだ層が常時存在していたことで、従来名請百姓であったものさえ、すでに不安定な階層になった[28]」というさまであった。「総人口の9割近くまでを占めていた農民・都市細民・家臣階級の武士等の困窮があったし、これに拍車をかけるかのように各種災害、飢饉、疫病等の多発をみた。児童の問題も当然この中に含まれる[29]」と言及されるように、児童への積極的な保護は全く存在しなかったのである。この期の児童

をとりまく問題はまさしく貧困から発していると把握することができるのである。

かつて筆者は、図 1-1 のように愛知県における児童問題の展開（各種の学校・学級や福祉施設の成立展開過程）を明らかにする研究の中で、障害児の問題も含みこんで児童問題の底辺には貧困・不就学問題があることを指摘した[30][31]。すなわち、障害児問題の顕在化とその対応というプロセスには、貧困や不就学という生活問題がベースにあるという構造的に理解することが可能であると提起したのである。民衆の自発的な教育機関である寺子屋への就学がなされ、ごく一部ではあるが障害児が含まれていたのも、基本的には商品経済の発展の中で、読・書・算の基礎的学力を身につけたいという障害児の教育要求があったととらえれる。換言すれば、近世中期以降の経済発展は、障害児者にも農業を離れ非農業に進出する機会をもたらし、都市経済の中で商業・手工業その他雑業に吸収される可能性を拡大しつつあったのであり、その中で「生きる力」が求められたのであるといえよう。

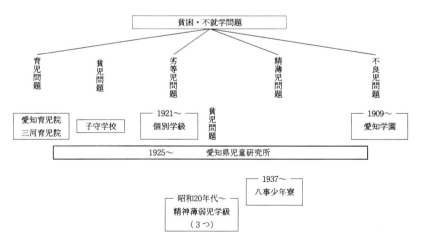

図 1-1　愛知での児童問題の展開

ここで注目したいのは、1878年8月に京都府立盲啞院長の古河太四郎が提出した上申書である。それは以下のようなことが述べられていた。「苟モ資力ニ乏シキモノハ心ニ就学ヲ冀望スト雖モ、入院ナスコト能ハザルガ如シ。而ルトキハ素ヨリ資力アルモノヲ保護シ資力乏シキモ・ノハ却テ廃棄ニ陥ラシムルニ至ルベシ。此ノ如キハ実ニ該院設立ノ御趣旨ニ反スル処ナレバ、宜シクココニ注意シ、必無力者ヲ扶助シ就学ナサ・シムルノ計ヲ尽サズンバアラザルナリ(32)」（傍点—筆者）すなわち、古河が資力のない者、無力者のための就学保障策を提案し、その実現に向けて奔走している点である。就学差別をなくするといった点にこそ障害児教育の原動力を見出すことができると本章では強調しておきたい。障害児の保護（生活の保障）と教育（発達の保障）の統一的実現は、貧困と不就学が社会問題となってくるにつれ、そこに民衆の願いであり要求となってあらわれてくるのである。寺子屋における下から支える障害児の萌芽的な教育要求はやがて明治初期の小学校にあらわれる障害児の教育要求（京都ではそれが組織化され盲啞院に発展したが(33)）と連続的な性格を有しており、その意味で寺子屋の障害児教育は先駆的でありえた。

　第二に、障害児の保護（生活の保障）と教育（発達の保障）の統一的実現という課題を考えるとき、教育と福祉（保護）の関係構造に注目する必要があるといえよう。筆者は、以前に「教育福祉」ではなく「教育福祉論」の課題からして、「養護」という概念の中に教育と福祉の統一を支える思想的特質が内包されていることを指摘した(34)。そこでは、教育と福祉とは、独自の領域・社会的役割をもってはいるものの、両者の内に相互に重なり合う機能をもつものと考え、図1-2の小川利夫の構造論(35)に学びつつ検討を加えた。図1-2の（A）のタイプは教育と福祉の分離的把握であり、（B）のタイプは機械的な結びつきで実際には（A）と変わらないことになりかねないし、（C）のタイプは教育と福

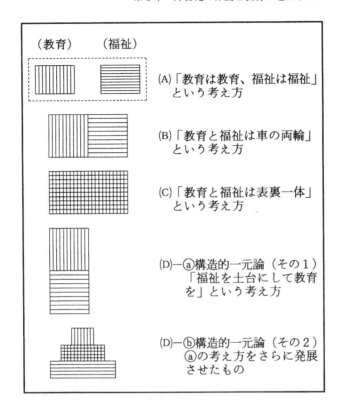

図1-2「教育と福祉」問題のとらえ方

祉の混合型であり、それゆえに（D）のタイプの教育と福祉の関係認識（ⓐよりもⓑであるべき）が求められることになる[36]。古河の実践では、その時代からして（C）のタイプであって、制度的にも未分化な中で運営困難に直面しつつの努力であったと把握できよう。しかしながら、教育と福祉の制度的な連関が問われるという観点からすれば、教育と福祉の問題の矛盾は、一般児童のそれよりもむしろ「恵まれない児童」の問題の中により集約的にあらわれていることを見落とすことはできないのである。

第三に、「貧困・差別・発達の問題は、それ自身が『児童観の綜合』、いいかえるなら「教育福祉」問題における問題認識の歴史的発展の筋道をしめしている[37]」として、教育福祉問題の構造をなす視点を小川はあげている。また、大泉溥は明治以降の障害児施設の歴史的展開の中で、障害、生活、発達という概念がどのような形で明らかにされてきたのかという検討をしている[38]。筆者は、かつて知的障害問題の成立をめぐっては、「貧児や長期欠席児の生活問題への対処が根底にあり、その中から『精神薄弱児』の教育問題が付帯して起こってくる[3]」という問題のつかまえ方を考察した。また、戦前の特別学級の成立要因の中で、就学率の向上と貧困への対応を指摘した[39]。本章では、こうした指摘と関わって、生活（貧困）→教育（障害、発達）という視点から歴史的な展開を把握できることを結論づけたい。

　最後に、教育と福祉の統一的保障を実現していくために、両者の連携を支える思想的特質を明確にしなければならない。そのつなぐ概念様式が「養護[34]」や「療育[40]」にもあるが、今日までの教育と福祉の実践遺産の中からどのような概念があるのかをさらに検証しなければならないと考える。

【注】
(1) 津曲裕次『精神薄弱問題史概説』、pp.40～45、1980年、川島書店。
(2) 松矢勝宏「『教育・福祉』の史的構造と今日の課題」（古川孝順、浜野一郎、松矢勝宏『児童福祉の成立と展開』、pp.260～263、1975年、川島書店）。
(3) 小川英彦「愛知県における障害児福祉の歴史的研究―知的障害問題の成立をめぐって―」（日本社会福祉学会『第44回全国大会研究報告概要集』、pp.184～185、1996年）。
(4) 桜井庄太郎『日本児童生活史（新版）教育名著叢書⑩』、p.2、1982年、日本図書センター。
(5) 前掲書（4）p.117。
(6) 間引くという用語については『日本国語大辞典』、第18巻（1975年、小学館）は、①野菜などを十分に生育させるために、適当な間隔になるように抜き取る。②子どもが多くて、養育できない時などに、親が生まれたばかりの子を殺す。③一般に間をあける。『日本語大辞典』（1989年、講談社）は、①並んでいるものをところどころ取り除く。②十

分に生育するように密生した作物の一部を引き抜いて、間をあける。③生活苦などのために、生まれた子を殺すことと説明している。

(7) 井上満訳『日本幽囚記』下、p.164、1946年、岩波文庫。
(8) 高木靖文「幕末維新期の教育」(仲新・伊藤敏行『日本近代教育小史』、p.15、1984年、福村出版)。
(9) 加藤康昭『日本盲人社会史研究』、pp.579〜580、1974年、未来社。
(10) 各地方の障害児の占める割合は、奥羽地方及び北海道が14.6%、関東地方が10.2%、中部地方が8.3%、近畿地方が7.9%、中国地方が5.0%、四国地方が8.3%、九州地方及び沖縄県が7.0%であり、全国平均は8.6%となっている。
(11) 中野善達・加藤康昭『わが国特殊教育の成立』、p.119、1967年、東峰書房。
(12) 乙竹岩造『日本庶民教育史』中巻、pp.748〜749、1929年、目黒書店。
(13) 前掲書(12) pp.750〜751。
(14) 視覚障害児への指導には凸文字が使用されているが、そのひとつとして紙撚文字(厚紙の上にのりをつけた紙撚で字形を作るもの)や木活字の利用があった。詳細は、鈴木力二『図説盲教育史事典』(1985年、日本図書センター)にある。
(15) 高橋智「障害児教育の歴史と遺産」(大久保哲夫・渡部昭男『障害児教育 基礎と実践』、pp.70〜71、1993年、全障研出版部)。
(16) 寺崎昌男「学制・被仰出書」(青木一・大槻健・小川利夫・柿沼肇・斎藤浩志・鈴木秀一・山住正己『現代教育学事典』、p.71、1988年、労働旬報社)。
(17) 国民教育研究所『近代日本教育小史』、p.54、1973年、草土文化。
(18) 藤井克美「近代の盲唖教育の発祥を訪ねる」(藤本文朗・藤井克美『京都障害者歴史散歩』、p.48、1994年、文理閣)。
(19) 岡本稲丸『近代盲聾教育の成立と発展 古河太四郎の生涯から』、1997年、日本放送出版協会。本章では、「表補-2 古河(川)太四郎と盲聾教育略年表」(p.626)を参照とした。
(20) 前掲書(18) p.61。また、前掲書(19)には『創立貳拾五年記念京都市立盲唖院一覧』(1903年発行)より次の記事が紹介されている。
「明治八年ノ頃、京都上京第十九区長熊谷伝兵衛、其隣家ニ兄弟三人ノ唖児アリテ日々何ノ為ス事モナク徒然ニ遊ビ居ル様ヲ目撃シ、憐ミノ情ニ堪ヘズ、如何ニカシテ此不幸児ニ教育ノ一端ヲ授ケ、以テ明治ノ恩沢ニ浴セシメンモノヲト、之レヲ常時管理セル第十九校(今ノ待賢尋常小学校)教員古河太四郎、佐久間丑雄ニ謀リシニ、二人大ニ賛同シ、古河太四郎専ラ之レガ教育ニ従事スルコトトナレリ」
(21) 前掲書(19) p.642「盲ろう教育創始者・古河太四郎」(NHK教育、聴力障害者、1995年4月2日放映)。
(22) 前掲書(19) p.143。

(23) 前掲書（18）p.53。
(24) 藤波高『とり残された子らの京都の教育史―明治・大正・昭和の実践―』、p.1、1989年、文理閣。
(25) 大阪日報新聞、1878 年 5 月 26 日付。
(26) 前掲書（24）p.2。
(27) 京都府立盲学校創立百周年記念事業委員会『古川氏盲啞教育法』（復刻版）、1978 年。
(28) 吉田久一『日本の貧困』、p.75、1995 年、勁草書房。
(29) 村上尚三郎『教育福祉論序説』、p.8、1981 年、勁草書房。
(30) 小川英彦「愛知県における児童問題史研究―児童研究所の果たした役割を中心に―」精神薄弱問題史研究会『障害者問題史研究紀要』、第 36 号、pp.35～44、1993 年。
(31) 小川英彦「愛知の児童問題史研究の動向と課題」（『日本特殊教育学会第 32 回大会発表論文集』、pp.824～825、1994 年）。
(32) 前掲書（19）p.163。
(33) 前掲書（18）p.57 にある次の指摘が参考となろう。「それまで無用の者として打ち捨てられていたのが、教育することで有用に転じることができることを示した……（中略）……経済的な理由などで就学させることができない家が相当数ある中で、盲児や聾児の教育の可能性を信じた親達の教育要求、それを支える伝統の町組自治、時代の先取りをした行政の努力、下からの運動によって生まれたものを支えるだけの京都の経済力、……（中略）……なによりも古河太四郎をはじめとする直接この教育に携わった人々の苦心の経営と独創的な教育方法の成果による」
(34) 小川英彦「『養護』概念の検討―教育と福祉の統一をめざして―」（日本福祉大学社会福祉学会『福祉研究』、77 号、pp.45～53、1995 年）。
(35) 小川利夫「児童の教育と福祉」（高島進他編『社会福祉を学ぶ』、pp.138～158、1976 年、有斐閣）。
(36) 田中勝文「教育福祉」（磯辺実他監修『社会福祉学概論』、pp.216～224、1981 年、中央法規出版）。
(37) 小川利夫「児童観と教育の再構成」p.16（小川利夫・永井憲一・平原春好『教育と福祉の権利』、1972 年、勁草書房）。
(38) 大泉溥「障害児の発見と実践的視角の形成―障害児施設の実践にかかわる研究をめぐって―」（大泉溥『障害児の生活と教育』、pp.220～272、1981 年、民衆社）。
(39) 小川英彦・高橋智「大正期における『劣等児』特別学級の成立―名古屋市の『個別学級』の事例検討―」（『日本福祉大学研究紀要』第 85 号・第 1 分冊―福祉領域、pp.183～215、1991 年）。
(40) 小川英彦「『療育』概念の成立に関する研究」（鉄道弘済会『社会福祉研究』、第 57 号、pp.95～102、1993 年）。

# 第2章　知的障害児の保護と教育、その社会史的考察について

## 第1節　はじめに

(ⅰ)

　1891年、濃尾大地震で多くの孤児が出たことを知り、こうした孤児を引取って保護、教育することが、わが国で最初に開設された知的障害児施設である滝乃川学園設立の契機であることは知られている。その設立者の石井亮一（1867年～1937年）は、東京下谷黒門町に借家し、老婆を雇い、以前から養育していたふたりの孤女と、震災地からの20余名の孤女をあわせて孤女学院を開設した。「この少女たちの中に、7、8歳のちえ遅れの子がいて、指導にあたった女教師の手にあまったため、石井自身が指導を行なった[1]」のが、石井に知的障害児の保護、教育の道へ進ませたのである。

　この滝乃川学園が開設された後、しばらくの間こうした施設は設立されなく、明治末期になって岩崎佐一（1876年～1962年）によって、大阪に桃花塾が1916年に設立された。また、川田貞治郎（1879年～1959年）によって、水戸に日本心育園が1911年に設立された。これらの施設は、民間の施設経営によるものであり、キリスト教や仏教思想を背景に保護、教育を施そうとする性格を有する慈善事業である点に共通性をもつ。北沢清司の研究によれば、戦前において全国で設立されていったこの種の知的障害児を対象とした施設の数は22園存在したとされる[2]　表2-1がその一覧である。滝乃川学園設立は、知的障害児の教育と福祉の史的展開に即していえば、後年同様の施設を大都市に誕生させる機縁をなし、その端緒をなすものであった。

(ⅱ)

　本章は、この石井による孤女学院から滝乃川学園の設立背景を明らか

にすることを目指す。滝乃川学園の設立は、既に指摘したように知的障害児の教育と福祉の歴史からいえば、民間施設がはじめて継続的な事業として彼らの保護、教育に着手した最初のものである。そのことは、児童保護事業史の面からいえば、明治政府が知的障害児対策を積極的に進めようとするのではなく、もっぱら民間私人の慈善事業にゆだねようとする一面を示している。すなわち、公権力の消極性を指摘することができよう。

そこで、本章では公的対策に遅れがある中で、民間施設による知的障害児の保護、教育事業がその発端においていかなる社会的意義があったかを客観的に明らかにしようとする。

その際、方法的には、まず石井が問題事態を問題として自覚せざるを得なくなった前提としての社会背景を客観的に把握することから出発する。次に問題自覚の仕方に直接間接に影響したと思われる社会的諸観念がどのように考えられていたかをみることにする。そして、公私の関係

表2-1　戦前における知的障害児施設

| 番号 | 施設名 | 現施設名 | 創立年 | 創設者(指導者) | 備考 |
|---|---|---|---|---|---|
| 1 | 孤女学院 | 滝乃川学園 | 1891 | 石井亮一 | 白痴施設としての成立は1897年頃 |
| 2 | 白川学園 | 同左 | 1909 | 脇田良吉 | はじめ京都府教育会が設立するが、1912年脇田の私営となる |
| 3 | 日本心育園 | ― | 1911 | 川田貞治郎 | 1916年閉鎖 |
| 4 | 桃花塾 | 同左 | 1916 | 岩崎佐一 | |
| 5 | 藤倉学園 | 同左 | 1919 | 川田貞治郎 | |
| 6 | 大阪市児童相談所附属 | ― | 1920 | 土屋浜次 | 1926年閉鎖 |
| 7 | 筑波学園 | 筑峯学園 | 1923 | 岡野豊四郎 | |
| 8 | 島村学園 | | 1925 | 島村保穂 | 1932年以降大阪治療教育院と称す |
| 9 | 三田谷治療教育院 | 同左 | 1927 | 三田谷啓 | 1923年阪神児童相談所よりの発展 |
| 10 | 八幡学園 | 同左 | 1928 | 久保寺保久 | |
| 11 | 小金井学園 | | 1930 | 児玉昌 | 小金井治療教育所ともいう。戦争にて閉鎖 |
| 12 | 白王学園 | | 1930 | 荒木善次 | |
| 13 | 広島教育治療学園 | 六方学園 | 1931 | 田中正雄 | |
| 14 | 江北農園 | 久美愛園 | 1933 | 笠井福松 | |
| 15 | 浅草寺カルナ学園 | ― | 1933 | 林蘇東 | 戦災にて閉鎖 |
| 16 | 八事少年寮 | ― | 1937 | 杉田直樹 | 戦後他法人に移管 |
| 17 | 醍醐和光寮 | | 1938 | (京都市) | |
| 18 | 愛育研究所特別保育室 | (愛育養護学校) | 1938 | 三木安正 | 1943年閉鎖 |
| 19 | 長浦更生農場 | 東京都養育院千葉分院 | 1943 | (東京府) | |
| 20 | 提塾 | | 1943 | | |
| 21 | 厚生塾 | | 1943 | 喜田正春 | |
| 22 | 愛泉会 | 同左 | 1944 | 前田育子 | 1941年愛泉会を発展させた。戦後一時期愛泉会葉山寮となる |

(出所：北沢清司「『精神薄弱者』施設における指導法の検討Ⅰ」)

として、当時の救済制度のあり方と民間の慈善事業対策を対比してみる。そのことで石井の事業の社会的意義を総括するように本章を進めたい。

これらの方法論からは、滝乃川学園に続く諸施設の設立過程の分析と対比することによって、知的障害児の保護、教育の意義を明瞭にすることに役立つであろう。また、滝乃川学園の設立背景の分析は、この施策の社会的性格の確定のみでなく、その施策実施を促した外部的要因も明らかにすることになろう。

以上が本章の大まかな研究目的と方法である。

なお、本章が対象とする時期は、1891年から1903年までを取り上げることにした。これは、孤女学院・滝乃川学園が設立されてから、本格的に知的障害児教育を充実させるまでである。本章での上述の研究課題に対して、その時期が最も重要な意味をもつ時期だからである。

## 第2節 滝乃川学園設立の前提――その社会背景

### (1) スラムの発生と貧児・孤児の増加

西田長寿の『都市下層社会』の中に次の一説がある。「貧民窟を資本主義社会における不可避な存在として、即ち無産階級の一翼として、貧民個々についてでなく一つの社会として観察する為めには、更に明治16～8年の不況時代を経過しなければならなかった[3]」そして、同書には「東京府下貧民の真況」(明治19年)、「大阪名護町貧民社会の実況紀略」(明治21年)、「貧天地饑寒窟探検記」(明治23年)、「最暗黒の東京」(明治26年)の4編が所収されている。ここでは、都市下層社会の調査記事の報告は明治20年前後に始まっていることを知ることができる[4]。それは、都市における貧民問題が新聞に取り上げられるようになったことから、社会問題として自覚されるようになってきたという経緯を理解できよう。

この点に関して、吉田久一は「源蓄過程での大量な窮乏層の発生は、16、7年を頂点とする経済的沈静期によってであり、それが更に23年の第1次資本主義恐慌の洗礼を受けて、ようやく近代性を帯びてくる[5]」と指摘している。すなわち、スラムの発生期を明治16、17年のデフレ期に照応させ、明治23年の第1次恐慌期の前後にあるととらえているのである。

今、明治16、17年のデフレの進行状況を米価の変動とその社会的影響、特に人口の移動という面を中心にまとめてみる。明治17年の米1石あたりの価額は5円11銭であって、明治13年のそれが10円47銭であったので約2分の1に下落している。この米価下落の影響について、たとえば和歌山県では次のようである。「和歌山県にては方今米価の下落にも拘らず細民の貧窮日に廻り、身農業に就くとも常に食物の欠乏を告げ、現に那須郡の如き人口8万中稀に粥を啜て僅に饑を凌くもの一万二百四十人、己に此有様を越えて実際飢餓に迫る者又三千余人に下

表2-2　兼業農家の推移

| | | 専　業 | 兼　業 | 合　計 |
|---|---|---|---|---|
| 明治十九年 | 自作 | 2,170,652(69.6) | 950,423(30.4) | 3,121,075(100.0) |
| | 小作 | 1,519,200(63.1) | 877,765(36.9) | 2,396,965(100.0) |
| | 總數 | 3,689,852(66.7) | 1,828,188(33.3) | 5,518,040(100.0) |
| 同二十四年 | 自作 | 1,961,551(65.4) | 1,044,181(34.6) | 3,005,692(100.0) |
| | 小作 | 1,470,613(59.2) | 1,013,325(40.8) | 2,483,938(100.0) |
| | 總數 | 3,432,164(62.5) | 2,057,506(37.5) | 5,489,630(100.0) |

表2-3　自・小作農の比率

| | 自作主 | 自作兼小作主 | 小作主 |
|---|---|---|---|
| 明治16年 | 38.7% | 41.3% | 20.0% |
| 明治21年 | 33.4 | 46.0 | 20.6 |

(出所：隅谷三喜男『日本賃労働史論』)

らずと云⁽⁶⁾」

　以上の農民の貧窮化は、表2-2、表2-3からも明らかなように、家計を補うための兼業農家の増加や零細農家や小作農の比率を多くする結果となっている。

　さらに、農民は生活の糧を求めて都市に流出していくことになる。「農村に比し高い賃銭の大都市に出稼、又は全くの離脱者として移動し、上級者は不熟練工、定職のない者は沈澱者として、中には新網、万年町、鮫ヶ橋、名護等に暮す事になる⁽⁷⁾」と指摘されるようにスラムが形成されていくのである。表2-4は東京におけるスラムについて、図2-1は明治30年代の労働市場と市場外との労働力の補給・還流を整理したものである。

　ところで、東京の人口移動について年次毎に示したのが表2-5、表2-6である。表2-5は明治15年を指数100として全国指数と比較したものである。これによると、東京では、明治22年に指数164（全国指数は110）に達し、ピークとなっていることが理解できる。表2-6は明治17年が入人口が210,037人と一挙に急増し、出人口が13,580人と急減しているという特徴をみることができる。先述した吉田の指摘した時期に相当するといえよう。

　なお、窮乏化が本格化してくる明治23年の東京での状況を『国民の友』では「社会問題の端」として次のように報告している。「試に東京市中を巡遊して、人力車を傭い、浅草の観音、上野の博覧会、日本橋、新橋の外、有名なる町の方角さへ知らざる車夫多きにあらずや。是れ何等の顕象ぞ。彼等は残酷なる経済世界の法律に迫られて、村落にも居られずして、東京に入り来れるものにあらずや⁽⁸⁾」と地方からの東京への人口移動を端的にあらわしている。さらに、『統計集誌』や『東京朝日新聞』によって同年の窮乏状況を知ることもできる⁽⁹⁾。前誌では「（貧民の）1日の所得は20銭以下のものが圧倒的に多い。したがって無休で働い

表2-4 東京におけるスラム

| 区＼年代 | 明治10年代 | 明治20年代 | 明治30年代 | 明治40年代 |
|---|---|---|---|---|
| 深川 | | 東大工町<br>裏大工町 | 大島町<br>宮川町 | 猿江裏町<br>本村町<br>石島町<br>千田町 |
| 本所 | 徳石衛門町 | 外手町 | 花町<br>若宮町<br>表町 | 松倉町<br>中ノ郷横川町<br>横川町<br>長岡町<br>太平町<br>柳島梅森町<br>柳島横川町<br>菊川町 |
| 浅草 | 松葉町 | 清島町<br>北田原町地方<br>今戸<br>橋場<br>花川戸<br>安倍川町<br>三間町 | 元吉町<br>北田原町<br>吉野町<br>玉姫町<br>新谷町 | 神吉町<br>棄平町<br>浅草町 |
| 下谷 | 万年町 | 下車坂町<br>山伏町<br>南稲荷町<br>神吉町<br>豊住町<br>広徳寺裏町<br>竹町 | 豊島町<br>入谷町 | 金杉町<br>竜泉寺町 |
| その他の区 | 四谷鮫ケ橋<br>四谷天竜寺門前<br>市ケ谷町<br>市ケ谷富久町<br>本郷湯島<br>日本橋八丁堀<br>神田橋本町<br>芝新網 | 市ケ谷長延寺町<br>芝金杉三丁目<br>芝高輪南町<br>本郷根津宮永町<br>牛込赤城下 | 牛込山伏町<br>白銀町 | 四谷谷町<br>（元鮫ケ橋） |

（出所：津田真澂『日本の都市下層社会』）

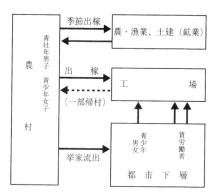

図2-1 明治30年代の労働市場の構造

（出所：隅谷三喜男『日本賃労働の史的研究』）

表2-5 東京の人口増加

| 年 | 人口 | 指数 | 全国指数 |
|---|---|---|---|
| 15 | 849,231 | 100 | 100 |
| 20 | 1,165,048 | 138 | 107 |
| 21 | 1,313,299 | 155 | 108 |
| 22 | 1,389,684 | 164 | 110 |
| 23 | 1,155,290 | 136 | 111 |
| 24 | 1,161,800 | 137 | 112 |
| 25 | 1,180,569 | 139 | 113 |
| 26 | 1,214,113 | 142 | 114 |
| 27 | 1,242,224 | 146 | 115 |
| 28 | 1,268,930 | 149 | 116 |
| 29 | 1,299,941 | 153 | 118 |
| 30 | 1,333,256 | 157 | 119 |

（『帝国統計年鑑』より筆者作成）

表2-6 明治前期の東京出入人口

| 年 | 入 | 出 | 増 |
|---|---|---|---|
| 12 | 33,720 | 23,721 | ＋ 9,999 |
| 13 | 34,450 | 25,651 | ＋ 8,799 |
| 14 | 39,019 | 30,787 | ＋ 8,232 |
| 15 | 59,262 | 51,818 | ＋ 7,444 |
| 17 | 210,037 | 13,580 | ＋146,457 |
| 18 | 243,477 | 14,722 | ＋228,755 |

（出所：吉田久一「日本スラムの初発と地方下層社会」）

て得る1ヶ月の所得は6円以下となり、当時の官吏及傭人階級が月俸平均20円92銭であるから、その差は月とスッポンである」とされる[10][11]。後誌では「(今日の貧民問題は) 寧ろ別種の問題に属す、全般の不景気、米価の暴騰、買うに銭なく、働くに職なし、餓して死するものあり、窮して狂するものあり、子を棄て親を捨て、妻を捨て、家を捨て徳義を捨て、己を棄てても猶食を得難きものあり、発して暴動となり、激して兇行となる惨況此度に及ぶ[12]」とされる。

以上のように、明治24年は、スラムの発生している渦中にあり、孤女学院が当初あった下谷西黒門町は、明治10年に形成された本郷湯島のスラムの近くにあたるのであった。

### (2) 災害の発生と貧児・孤児の増加

「戦争と地震と饑饉とは、保育事業に対して重大な関係をもっている[13]」と言及されるように、わが国における児童保護事業の形成過程をたどる時、自然災害とのかかわりがある。明治24年に岐阜と愛知にまたがって発生した濃尾大地震は、「児童保護事業を中心に活動の始まった民間慈善事業が力を結集する働きを行う機会となった。さらに、これを契機に開設された施設もあった[14]」のである。岐阜県史料によれば、200余名の貧児や孤児が民間の施設や個人に引き取られていったとされている。民間慈善事業は、仏教徒とキリスト教徒による救済活動であり、石井の孤女学院は後者の立場からの被災児童救済であって、孤女学院の他は、「岡山孤児院、北海孤児院、聖ヨハネ婦人教育会付属救児院、東京好善社、育児暁星園、大阪プール女学校、震災を契機に設立された石井十次による名古屋の震災孤児院[14]」があげられる。

当時の被災状況は、愛知では「倒壊屋舎36,477戸、半潰屋舎34,384戸、死者2,451人、傷者6,525人」であって、岐阜では「罹災総戸数69,136戸」である[15]。ちなみに、『教育時論』誌上では「小学校震災取調表」

という岐阜の調査を中間報告している。それによると、「校舎全潰162、校舎半潰69、校舎焼失3、教員の死1傷7、授業生もしくは助手の死1傷6、生徒の死118傷170[16]」となっている。この数からも学校は壊滅状態であって、死者もかなりの数であったことがうかがえる。

また、震災で孤児になった様子を『女学雑誌』誌上では次のように報じている。「稚子仆屋の傍にあり面を被ふて泣く、近づきて其故を問へば父母及び幼き弟妹皆死しぬ、使に出て家にあらざりしを以て辛くして免れぬ、今や行くべき所なし、我如何にすべきかを知らずと僅かに東西を弁じ、人事を知るに至るの稚子、此より孤独の身となる、何処の風波に漂ひ何地の岸頭に身を寄すらん[17]」

ところで、『日本社会事業大年表』で、東京の災害(大火、暴風雨)の記述を明治元年から明治24年まで順次調べていくと表2-7のようになる。特に、明治23年の欄には4件の大火が東京の各地で起こっている。それは、四谷160余戸焼失、浅草1500戸焼失(2月)、三田900戸焼失(3月)、本郷約1000戸焼失(6月)となっている。これに加えて、同年には「東京市ノ窮民数、飢餓且タニ迫ル者291人、極貧者779人、貧困者4,566人、計5,736人[15]」という記述も出てくる。

### (3) 廃娼論の展開の中で

孤女学院設立の動機の一つには、「震災地で家庭を失った女児が、醜業者の手によって人身売買の犠牲になり、社会的に転落していく[18]」

表2-7 東京の災害件数

| | 明治元 | 2 | 3 | 4 | 5 | 6 | 7 | 8 | 9 | 10 | 11 | 12 | 13 | 14 | 15 | 16 | 17 | 18 | 19 | 20 | 21 | 22 | 23 | 24 |
|---|---|---|---|---|---|---|---|---|---|---|---|---|---|---|---|---|---|---|---|---|---|---|---|---|
| 大火 | | | | | 1 | 1 | 1 | | | | 1 | 2 | 1 | 3 | | | | 1 | | | | | 4 | |
| 暴風雨 | | | | | | | | | | | | | 1 | | 1 | | 1 | | | | | | | |

(『日本社会事業大年表』、pp.157〜175より筆者作成)

という状況があった。

　石井が立教女学校の教頭職にあり女子教育に力を入れるかたわら、『女学雑誌』誌上にもしばしば執筆していることは知られている。「とくに、菊池義昭の初期滝乃川学園史研究[19] が、女学雑誌の資料を発掘することによって、従来、不明であった孤女学院の実態を明らかにした功績は大きい[20]」と評されている。

　この『女学雑誌』に掲載されている廃娼論と孤女学院設立との関連に触れる前提として、『女学雑誌』における廃娼論の特徴を述べておきたい。表2-8は『女学雑誌』発刊の明治18年から明治37年までの廃娼問題に関する内容別の論文数をまとめたものである[21]。ここからは、明治22年から明治26年にかけて相当の数の廃娼論があることが明らかである。中でも明治23年に116、明治24年に90に達しており孤女学院設立の頃に最も活発になっている。その廃娼論の多くは巌本善治の執筆によるもので、彼の見解は明治18年から26年に集約されており、その期間でも明治22年から26年に展開された道徳問題としての姦淫娼論と廃娼運動についての論に石井は触発されたと思われる。

　次に、廃娼運動の一環として孤女学院の紹介に関するものをみてみる。「震災地廃娼論」と題して、「不届至極の醜業者が、震災地の憫れむべき寡婦孤女を三文銭にて買入れんとするに対し、二県の廃娼論者運動し、

表2-8　『女学雑誌』所収の廃娼論件数

| 内容＼明治年 | 18 | 19 | 20 | 21 | 22 | 23 | 24 | 25 | 26 | 27 | 28 | 29 | 30 | 31 | 32 | 33 | 34 | 35 | 36 | 37 |
|---|---|---|---|---|---|---|---|---|---|---|---|---|---|---|---|---|---|---|---|---|
| 廃娼問題に関する論稿 | 2 | 5 | 3 | 3 | 6 | 24 | 5 | 1 | 3 | 0 | 0 | 2 | 0 | 4 | 0 | 0 | 0 | 0 | 0 | 0 |
| 廃娼運動に関する報道　各地の運動報告 | 0 | 0 | 1 | 4 | 12 | 56 | 38 | 30 | 26 | 6 | 2 | 0 | 0 | 2 | 2 | 3 | 0 | 0 | 0 | 0 |
| 廃娼運動に関する報道　矯風会に関する報道 | 0 | 7 | 19 | 3 | 14 | 5 | 7 | 3 | 2 | 7 | 0 | 0 | 4 | 3 | 2 | 0 | 0 | 0 | 0 | 0 |
| 売春問題一般に関する報道 | 4 | 8 | 7 | 8 | 18 | 21 | 39 | 46 | 28 | 13 | 2 | 3 | 1 | 7 | 8 | 0 | 0 | 0 | 0 | 0 |
| その他 | 0 | 2 | 1 | 2 | 4 | 10 | 1 | 0 | 6 | 0 | 1 | 2 | 0 | 3 | 2 | 3 | 1 | 0 | 0 | 0 |
| 計 | 6 | 22 | 31 | 20 | 54 | 116 | 90 | 80 | 65 | 26 | 4 | 6 | 5 | 19 | 14 | 6 | 1 | 0 | 0 | 0 |

（出所：西村みはる「女学雑誌にみる廃娼論とその影響」）

一時之を制止したるが、扨て其善後の策未だ立たず、ただ彼地伝道隊の人の尽力と、大須賀君今回の発企と、他に職工女として雇入れんとする大需要の二三あるとにより、今や僅かに其方法を得んとす$^{(22)}$」また、「震災地廃娼手段」と題して、「震災地の寡婦孤女は、廃娼論者の手を以て、急に救ひ、魔人の窖に陥ることを防ぎ止めぬ。左れど、其善後の策を講ぜずんばある可らず。大須賀君の孤女院、府下二三の女学校、横浜婦人慈善会等、その孤女の幾千を担当せんとす$^{(23)}$」となっている。(傍点―筆者、大須賀とは石井のことである)

### (4) 救貧制度の不備

　明治7年12月8日、太政官達162号として恤救規則が府県に公布された。この恤救規則は昭和4年制定の救護法までの半世紀以上、わが国の唯一の公的救貧法として存続した。この恤救規則の性格は、①制限主義、②共同体的扶養、③御仁政をあげることができる。第1の制限主義は、恤救規則の対象を極貧・独身を要件とし、70年以上15年以下の廃疾、重病、老衰、病人、窮迫の者としている。また、施行細則ともいうべき「窮民恤救申請調査箇条」の第1条に「無告ノ窮民而巳ニ限ルヘシ」、第2条に隣保の情誼によって協救される者は官費救助の対象とならないという規定がある$^{(24)}$。ここからは、官費の節約をはかるという基本的姿勢を知ることができる。第2の共同体的扶養は、恤救規則前文を「済貧恤窮ハ人民相互ノ情誼ニ因テ」と定め、隣保扶助、親族相救を中心とする考えである。戸籍のない者が救済の対象にならない$^{(25)}$というところに端的にあらわれているが、明治政府は封建的共同体での救済を継承することに徹していた。第3の御仁政は、天皇制的慈善による救貧制度の代替である。御仁政を強調することで、人民の政府への不満をそらす考えをもっていた。

　以上のような明治政府の恤救思想は、当時の貧困観に裏づけされるも

のであった。すなわち、岩倉具視の「士族授産ニ関スル意見書」（明治14年）、原敬の「救恤論」（明治13年）の中でとらえられているように、貧困の原因を個人の怠惰にある[26]と帰結し、社会的に原因を求めようとするものではなかったのである。

ところで、当時の社会的に生み出される貧困問題に対して、恤救規則が効力を発揮できなかったのは明らかである。それは、第一次資本主義恐慌期に相当する明治23年12月6日に第一帝国議会に提出された窮民救助法案にみることができよう。同法案提出の背景には「恤救規則では、今日、自今の状況に照しましては或は狭隘なるを恐れるといい現時我国の状況に照しまして最も緊要[27]」という事態があったのである。つまり、議会内では恤救規則でもっては貧困問題に対処できないという自覚を内包していたのである。

結局のところ、明治政府はこの法案を本腰入れて実施する考えはなかったのである。それは、本法案附則によると施行は郡制施行の時からとなっているが、この郡制の施行期日が明らかでなかったことからわかる[28]。詰まる所、同法案は廃案となるのであった。

### (5) キリスト教・仏教思想による児童保護、教育

表2-9は、明治元年から大正6年までの社会事業施設数の推移をあらわしたものである。ここからは、明治10年から20年にかけて、社会事業施設全体にしめる児童保護施設は約25％、その後、徐々にこの割合が高くなっていることを知ることができる。明治20年に注目してみると、後述の表2-11、表2-12とあわせてみると、25園前後の児童保護施設があったものと思われる[29]。

これらの児童保護施設は、「宗教家（仏教徒・キリスト教徒・宗教団体など）、資産家（地主・財閥など）、篤志家など個人が奉仕的に、恣意的に慈善救済していた[30]」点に特徴がある。これは、明治政府が隣保

第2章 知的障害児の保護と教育、その社会史的考察について

表2-9 明治初年以降の社会事業施設推移

| 年　次 | 総　数 | 児童保護 | 経済保護 | 失業保護 | 医療保護 | 生活保護 | 隣保事業 | その他 | 児童保護施設数／社会事業施設総数 |
|---|---|---|---|---|---|---|---|---|---|
| 1868（明治元） | 12 | — | 3 | — | 1 | 8 | — | — | |
| 1877（明治10） | 33 | 8 | 11 | — | 2 | 12 | — | — | 24.2% |
| 1887（明治20） | 96 | 24 | 19 | 2 | 18 | 27 | 1 | 5 | 25.0% |
| 1897（明治30） | 202 | 69 | 31 | 5 | 36 | 50 | 1 | 10 | 34.2% |
| 1907（明治40） | 452 | 189 | 50 | 14 | 67 | 107 | 3 | 22 | 41.8% |
| 1917（大正6） | 916 | 366 | 131 | 37 | 163 | 159 | 5 | 55 | 40.0% |

（出所：一番ヶ瀬康子、高島進『講座社会福祉』第2巻）

表2-10 明治前期の慈善的育児施設

| 創立 | 明治5 | 7 | 11 | 12 | 14 | 14 | 19 | 20 | 23 | 20 | 21 | 23 | 24 | 12 | 16 |
|---|---|---|---|---|---|---|---|---|---|---|---|---|---|---|---|
| 名称 | 慈仁堂 | 浦上養育院 | 日本聖公会緑女学校 | 聖保禄女学教育院 | 童貞院 | 鯛之浦養育院 | 奥浦村慈恵院 | 天主教女子教育院 | 玫瑰塾 | 聖者瑟教育院 | 岡山孤児院 | 暁星園 | 博愛社 | 神戸孤児院 | 孤女学院 | 福田会育児院 | 善光寺養育院教育所 |
| 系統 | カトリック | | | | | | | | | プロテスタント | | | | 仏教 | |

（出所：仲新『日本の子どもの歴史』5巻）

表2-11 明治期の仏教社会事業施設数

| 分野＼年次 | 二 | 五 | 八 | 〇 | 一 | 二 | 三 | 四 | 六 | 八 | 九 | 〇 | 一 | 二 | 三 | 四 | 五 | 六 | 七 | 八 | 九 | 〇 | 一 | 二 | 三 | 四 | 五 | 六 | 七 | 八 | 九 | 四〇 | 四一 | 四二 | 四三 | 四四 | 四五 | 年次不詳 | 計 |
|---|---|---|---|---|---|---|---|---|---|---|---|---|---|---|---|---|---|---|---|---|---|---|---|---|---|---|---|---|---|---|---|---|---|---|---|---|---|---|---|
| 救貧施設（養老施設ヲ含ム） | 1 | | | | | | | 1 | | | | | 1 | 1 | | | | | | | 1 | 1 | 1 | 1 | | 1 | | | 1 | 1 | 1 | 2 | | | | | | | 15 |
| 救貧団体（軍事救護・慈善会・罹災救助団体ヲ含ム） | | | 1 | 2 | 3 | 1 | 2 | 7 | 2 | 2 | 1 | 5 | 5 | 3 | | 1 | 8 | 1 | 1 | 1 | 1 | 2 | 4 | 4 | 5 | 2 | 2 | 3 | 2 | 2 | 3 | 1 | 1 | 7 | 88 |
| 救療施設（特殊医療施設ヲ含ム） | 1 | 1 | 1 | | | | | | | 1 | 3 | 1 | 1 | | | 2 | 1 | | 1 | 2 | | | | | | | | 1 | 1 | 2 | 1 | 2 | 24 |
| 施業施設及施業団体 | | | | | | | | | | | | 1 | | 1 | | | | 2 | 1 | 1 | | | | | | 1 | 2 | | 1 | | 4 | 15 |
| 看護婦養成施設（講習会・看護婦ヲ含ム） | | | | | | | | | | | 1 | | | | 1 | | | | | 2 | | | | | | | | | | 1 | | 7 |
| 育児施設 | | | | 1 | 3 | 2 | 1 | | 1 | | 2 | | 3 | 1 | 2 | 5 | 8 | 5 | 8 | 2 | 2 | 9 | 6 | 9 | 4 | 2 | 2 | 1 | | | 2 | 5 | 89 |
| 貧児教育施設（子守教育・貧児教育伝習所ヲ含ム） | | | 1 | | | | | 1 | 14 | 11 | 12 | 7 | 2 | 1 | | 1 | | 1 | 3 | 1 | | 5 | 4 | 2 | 1 | 4 | 2 | 1 | | | | 16 | 91 |
| 感化施設（感化保護院ヲ含ム） | | | | | | | 1 | 1 | 1 | 2 | | 1 | | | | | 1 | 2 | | | | 1 | | 6 | 7 | | 1 | | | | | | 26 |
| 幼児保育施設 | | | | | | | | | | | | | | | | | | | | | | 1 | | 2 | 2 | | 1 | 2 | | | | | 8 |
| 盲人教育施設 | | | | | | | | | | | | | | | | | | | | | | | | | | 1 | | | | | | | 1 |
| 免囚保護施設（支部ハ除ク） | | | | | | | | | | 1 | 1 | 6 | | 1 | | 3 | 2 | 1 | 3 | 2 | 8 | 2 | 4 | | 2 | 4 | 3 | 3 | 2 | 5 | 5 | 4 | 7 | 2 | 72 |
| 禁酒団体（支部ハ除ク） | | | | | | | | | | | | | | | | | | | | 4 | | | | | | | | | | | | 1 | 11 |
| スラム教化施設（少年教会・夜学） | | | | | | | | | | | | | | | | | | | | | | 2 | 2 | | | | 1 | | | | 3 | 1 | 12 |
| 経済保護施設（授産場・宿泊施設） | | | | | | | 1 | | | 1 | | | | | | | 1 | | | | | 1 | | 1 | 1 | | 1 | | | | 2 | 1 | 12 |
| 連絡・助成・養成団体 | | | | | | | | | | | | | 1 | | | | | 1 | 3 | 1 | | | | | | 1 | 1 | 1 | | 4 | 1 | | 14 |
| 計 | 1 | 1 | 1 | 3 | 6 | 4 | 4 | 7 | 5 | 19 | 15 | 30 | 18 | 13 | 5 | 7 | 12 | 5 | 2 | 4 | 11 | 25 | 18 | 23 | 23 | 9 | 18 | 17 | 24 | 11 | 23 | 25 | 13 | 16 | 13 | 42 | 485 |

（出所：吉田久一『日本近代仏教社会史研究』）

表 2-12　明治期のキリスト教社会事業施設数

| 分野＼年次 | 四 | 五 | 六 | 七 | 八 | 九 | 一〇 | 一一 | 一二 | 一三 | 一四 | 一六 | 一八 | 一九 | 二〇 | 二一 | 二二 | 二三 | 二四 | 二五 | 二六 | 二七 | 二八 | 二九 | 三〇 | 三一 | 三二 | 三三 | 三四 | 三五 | 三六 | 三七 | 三八 | 三九 | 四〇 | 四一 | 四二 | 四三 | 四四 | 四五 | 計 |
|---|---|---|---|---|---|---|---|---|---|---|---|---|---|---|---|---|---|---|---|---|---|---|---|---|---|---|---|---|---|---|---|---|---|---|---|---|---|---|---|---|---|
| 養護施設 | 2 | | 1 | 1 | 1 | 1 | 2 | 2 | 1 | | | 1 | 2 | 1 | 2 | 3 | 1 | 2 | 1 | 1 | 1 | 3 | 1 | 1 | | | | | 1 | | 2 | 2 | 1 | | | 2 | | | 1 | | 40 |
| 施療施設、医療施設 | | 1 | | | | | | 1 | | | 1 | | | 1 | | | 1 | | 1 | | 1 | | | | | | 2 | | | 1 | 2 | 1 | 2 | 1 | 1 | 16 |
| 授産施設 | | | | | 1 | | | | | | | | 1 | 1 | 1 | 1 | | | | | | 1 | | | | 2 | | | | | | | | | 8 |
| 養老施設 | | | | | 1 | | | | | | | | | | 1 | | | 1 | | | 1 | | | 1 | | | 1 | | | | | | | 5 |
| 職業紹介事業 | | | | | 1 | | | | | | | 1 | | | | | | 1 | | | | | | | | | 1 | 1 | 5 |
| 貧児教育 | | | | | | 2 | | | | | | 1 | 1 | | | | 1 | | | | | | | | | | | | | 5 |
| 感化事業 | | | | | | | | | | | | | | | 1 | | | | | 2 | | | | | | 1 | 4 |
| 保育施設 | | | | | | | | 1 | | | | | 1 | 1 | | 1 | | | | 1 | | | | | | 1 | 5 |
| 育児施設 | | | | | | | | | | | | | | | | | | | 1 | | | | | | | | 1 |
| 隣保事業 | | | | | | | | 1 | | | | 1 | | | | 2 | | | | 1 | 1 | 1 | 7 |
| 精薄施設 | | | | | | | | 1 | | | | | | | | | | | | 1 | 1 | 3 |
| 盲児施設 | | | | | | 1 | | | | 1 | 1 | | | | | | 2 | 1 | | | | | 6 |
| 妊産婦保護事業 | | | | | | 1 | | | | | | | | | | | | | | | 1 | 2 |
| 婦人救護施設 | | | | | | | | | 1 | 1 | | | | | 1 | | 1 | | | 1 | 5 |
| 釈放者、出獄人保護 | | | | 1 | | | | 1 | 1 | | | | | | 3 |
| 窮民救助事業 | | | | 1 | | | | 1 | | | | | | | | 2 |
| 教化事業 | | | 1 | | | | | | | | | | 2 | 3 |
| 廃娼運動 | | | | | | | | 1 | | 1 | 2 |
| 禁酒運動 | | | | | | | | | | | 1 | 1 |
| 混血児教育 | 1 | | | | | | | | | | 1 |
| 宿泊施設 | | | | | | | | | | 1 | | | 1 | 2 |
| 計 | 1 | 2 | 1 | 1 | 1 | 1 | 1 | 4 | 3 | 3 | 2 | 1 | 2 | 2 | 1 | 3 | 4 | 7 | 3 | 3 | 3 | 5 | 2 | 4 | 5 | 1 | 2 | 4 | 2 | 2 | 6 | 9 | 4 | 3 | 4 | 5 | 6 | 5 | 126 |

（矢島浩『明治期日本キリスト教社会事業施設史研究』より筆者作成）

扶助という考えをもち、公的扶助を積極的に実施する考えがなかったゆえに、慈善事業がなされていったと理解できる。

表2-11は明治期の仏教社会事業施設数を[31]、表2-12は明治期のキリスト教社会事業施設数[32]をまとめたものである。表2-11からは、明治20年から明治24年にかけての時期に施設数が多くなっているのが特徴である。中でも貧児教育施設（子守教育・貧児教育伝習所を含む）が激増しているのである。

表2-12からは、児童養護施設のしめる割合が高くなっていることを理解できる。

そして、これら仏教・キリスト教社会事業施設の中で、明治前期に設立された育児施設を一覧にしたのが表2-10である。本章の対象である

孤女学院もこの中に位置づけられるのである。

## 第3節　おわりに

頭書の研究目的に即して、最後にまとめを行っておきたい。以上の石井の孤女学院、滝乃川学園の設立背景ならびにその経緯の考察を概括すれば次のようになる。

(ア) 孤女学院・滝乃川学園設立の社会背景
　① 孤女学院・滝乃川学園の設立は、まず、産業革命の進行によって生じてきた貧児・孤児の生活と教育の実態を、社会問題として公に自覚せしめずにはおかない社会事態を前提とした。
　② 貧児や孤児の生活と教育が保障されずに、生存の問題として浮かび上がってきたのであった。しかしながら、明治政府はこうした社会問題を社会政策や社会事業政策としてではなく、もっぱら民間の慈善的施策の対象として考えていた。

(イ) 孤女学院・滝乃川学園の設立動機
　① 明治24年に発生した濃尾大地震とそれによって生み出された貧児・孤児への対応。
　② 廃娼問題に触発された、生活と教育対策としての貧児・孤児への着目。
　③ 石井の敬虔なキリスト教信仰のもと、キリスト教思想による慈善的育児施設が全国で設立されていったこと。

(ウ) 孤女学院・滝乃川学園設立の社会的意義
　① 知的障害児施設として本格的に始動するまでにはそれなりの期

間を要していた。
② 石井は当初から知的障害という障害のある子どもに注目していたというのではなく、貧児や孤児への対策に着手しなければならないという眼前の児童問題への対応に迫られ、そうした経過の中から知的障害児への取り組みが生じてくるという順序性をみることができる。入所児童中に障害児問題が顕在化してきたのである。
③ 貧困を理由に生活と教育の場のない子どもへの対策、貧児・孤児の貧困問題への対応が根底にあり、その中から知的障害児の教育問題が付帯して起こってくるという問題の把握ができる。
④ 障害児への対策が、極端に抑える前近代的な救済抑制政策のもとで、これらの子どもの問題が社会問題、貧困問題の底辺に潜在化させられていると理解できる。
④ 石井の行った事業は、教育と福祉の補完関係を実践していった点に大きな意味がある。

【注】
(1) 荒川勇・大井清吉・中野善達『日本障害児教育史』、p.59、1976年、福村出版。
(2) 北沢清司「『精神薄弱者』施設における指導法の検討Ⅰ」(国立精神衛生研究所『精神衛生研究』、第26号、pp.39〜47、1979年)。
(3) 西田長寿『都市下層社会』、p.3、1949年、生活社。
(4) 隅谷三喜男「日本の貧困問題研究－『産業革命』期を中心として」(社会事業史学会『社会事業史研究』、第7号、pp.27〜37、1979年)の中でも次の指摘があり参考となる。
「貧困問題が一の社会問題として注目され、識者の観察の対象となったのは、明治18、9年以降のことと云ってよいであろう。……(中略)……『産業革命』期に本格的に展開する貧民史研究の前史として、この期の特色について要約すれば、それは〈貧困窟探検記〉的ルポルタージュである点に求められるであろう」
(5) 日本社会事業大学救貧制度研究会『日本の救貧制度』、p.7、1960年、勁草書房。
(6) 田中勝文「恵まれない子ども」『日本子どもの歴史』5巻、pp.219〜220、1977年、第一法規)。
(7) 吉田久一「日本スラムの初発と地方下層社会」(『社会学評論』第4巻第4号16、

pp.128〜129、1954年)。
(8)『国民の友』(第6巻81号)明治23年5月3日。
(9) 田代国次郎『日本社会事業成立史研究』、pp.130〜131、1964年、量心社。
(10) 中鉢正美『現代日本の生活体系』p.105、1975年、ミネルヴァ書房の中でも次の指摘があり参照となる。
「明治20年代の標準として、5人世帯の月収は9円であるとの推定がある」
(11)「東京府下貧民の真況」(明治19年)に「土方手伝3人家族の月収4円」、「大阪名護町貧民窟視察記」(明治21年)に「貧民生活上4円、中3円40銭、下2円52銭」という紹介がある。
(12)『東京朝日新聞』明治23年6月18日。
(13) 留岡清男「戦争と地震と饑饉―産婆と看護婦と保母―」(保育問題研究会『保育問題研究』、第2巻第5号、pp.2〜5、1928年)。
(14) 宇都榮子「濃尾地震と救済活動」(日本社会福祉学会『第44回全国大会研究報告概要集』、pp.154〜155、1996年)。
(15) 社会事業研究所、谷山恵林『日本社会事業大年表』、p.174、1936年、刀江書院。
(16)『教育時論』138号、p.27、1891年11月25日。
(17)『女学雑誌』第291号、p.7、1891年11月14日。
(18) 松矢勝宏「石井亮一」(精神薄弱問題史研究会『人物でつづる精神薄弱教育史』、pp.154〜155、1980年、日本文化科学社。同研究会『人物でつづる障害者教育史』、pp.58〜59、1988年、日本文化科学社)。
(19) 菊池義昭「滝乃川学園の創立前後の歴史的研究―"女学雑誌"の資料を中心として―」(精神薄弱者施設史研究会『精神薄弱者施設史研究』、第1号、pp.25〜87、1979年。
(20) 津曲裕次『精神薄弱問題史概説』、p.57、1980年、川島書店。
(21) 西村みはる「女学雑誌にみる廃娼論とその影響―巌本善治を中心に―」(『日本女子大学紀要』文学部第31号、pp.135〜151、1981年)。
(22)『女学雑誌』第294号、p.22、1891年12月5日。
(23)『女学雑誌』第295号、p.3、1891年12月12日。
(24) 小川政亮「社会保障法」(『日本近代法発達史』、第1巻、p.15、1958年、勁草書房)。
(25) 前掲書 (5) p.62。
(26) 吉田久一『社会事業理論の歴史』、pp.80〜81、1974年、一粒社。
(27) 前掲書 (24) p.26。
(28) 前掲書 (24) p.30。
(29) 阿部重孝、城戸幡太郎、佐々木秀一、篠原助市『教育学辞典』、第3巻、p.1626、1938年、岩波書店の中でも次の指摘があり参照となる。「明治20年の児童保護施設は、育児13施設、貧児教育3施設、不良少年施設2施設」となっている。

(30) 仲村優一、佐藤進、小倉襄二、一番ヶ瀬康子、三浦文夫『講座社会福祉』、第2巻、p.26、1981年、有斐閣。
(31) 吉田久一『日本近代仏教社会史研究』、附表統計表、pp. 2～3、1964年、吉川弘文館。
(32) 矢島浩『明治期日本キリスト教社会事業史研究』、pp.3～10、1982年、雄山閣。

# 第3章　「療育」概念の成立について

## 第1節　はじめに

　障害児の教育や福祉の分野では、例えば「療育手帳」「療育グループ」「療育相談」等にみられるように、「療育」という用語が各所で使用されている。いま、「療育」という用語をめぐって、手もとにある教育学辞典と社会福祉学辞典で、「療育」がどのように定義づけられているかを整理したのが表 3-1 である。

　表 3-1 からわかるように、「療育」の用語がそれぞれの辞典により見解が異なり、多様性を認めざるをえない。例えば、「療育」が対象とする者に関してという視座からは、教育学関係の『岩波教育小辞典』は、対象児を病弱児・障害児としている。『現代教育学事典』では、重症心身障害児、病弱・虚弱児を対象としている。一方、社会福祉学関係の『社

表 3-1　教育学・社会福祉学辞典にみられる「療育」の定義

| 書　名 | 定　義 |
|---|---|
| 『心身障害辞典』<br>石部元雄、伊藤隆二、鈴木昌樹、中野善達編<br>（福村出版、1981 年） | 「療」は医学的リハビリテーション、「育」は社会的リハビリテーションにあたる。療育のあり方として、精神的方策、法的方策、社会的方策、医学的方策、職業的方策など総合的な方策が必要である。(p.322) |
| 『岩波教育小辞典』<br>五十嵐顕、太田堯、山住正巳、堀尾輝久編<br>（岩波書店、1982 年） | 病弱児・障害児に対する医学的治療と保育と教育を含み、その全体を療育という。(p.260) |
| 『現代教育学事典』<br>青木一、大槻健、小川利夫、柿沼肇、斎藤浩志、鈴木秀一、山住正巳編　（労働旬報社、1988 年） | 重症心身障害児や病弱・虚弱児に対し医療的看護のもとに行われる治療と教育の総合形態をもふくめ療育と呼んでいる。(pp.733～734) |
| 『社会福祉辞典』<br>仲村優一、一番ヶ瀬康子、重田信一、吉田久一編　（誠信書房、1974 年） | 最も進んだ医療によって肢体の障害を克服し、教育によって独立自活できるようにすること。(p.373) |
| 『現代社会福祉事典』<br>仲村優一、岡村重夫、阿部志郎、三浦文夫、柴田善守、嶋田啓一郎編　（全国社会福祉協議会、1982 年） | 〈療〉は医療を、〈育〉は保育あるいは養育を意味する。(p.449) |

会福祉辞典』は、肢体不自由児を対象児と規定している。「療育」の定義をめぐってはこのような多義性があるがゆえに、共通の問題理解をもたらすことを困難にしている。にもかかわらず、障害児へのケアでは、教育と福祉と医療などが相互に関連し合って統一的保障がなされなければならないと主張されることがある。

そこで本章では、「療育」という概念がいつ、どのような経緯で提唱されるようになったのか、その背景は何であるのかを明らかにすることを目的とする。さらに、こうした研究目的から出発して、教育や福祉の分野においてしばしば使用されている「療育」概念を支えた思想的特質を明らかにしたい。なお、本章は、①戦前における肢体不自由児の教育や福祉の分野での「療育」概念の提唱、②児童福祉法成立に至るまでの「療育」施設の展開、という2つに研究視点を絞り検討を加えることにする。

筆者が、「療育」概念の検討に関心を寄せるいま1つの理由は、「療育」の学問的性格に対する関心があるからである。それは「障害者問題をめぐって単に精神医学からのアプローチだけでは解決しえなく、社会福祉学はもちろんのこと教育学、心理学などの諸科学が互いに連携をもって総合的に問題解決に寄与しなければならない[1]」ととらえられる。それらの諸科学が連携をもって総合的に問題解決に寄与しなければならないというとき、それらの科学が共に存在しなければならない問題意識とは何かという観点があるからである。

## 第2節　戦前における「療育」の成立

### (1)「療育」の萌芽—柏倉松蔵の主張から—

「療育」という用語は後述するように、高木憲次の造語であるとするのが定説である。高木の目指した「療育」を調べると、柏倉の業績を軽

視することができないことに気づかされる。柏倉自身は「療育」という用語こそ使用していなかったものの、彼の思想は明らかに「療育」の内実を示す事象に触れているととらえられる。それゆえ、本章では「療育」の草創として柏倉を位置づけておきたい。

　柏倉（1882年～1964年）[2]は、岡山師範学校出身の体操教師であったが、戦前の学校教育においては肢体不自由児に対し「体操免除」という消極的な対策しか講じられていなかったこと、当時の体操指導法では肢体不自由児の諸能力を培うことができなかったことから、新しい指導法がないものかという先駆的な教育観をもっていた人物ととらえられよう。

　こうした考えに端を発し、肢体不自由児を1か所に集め、「病院風にではなく、学校風に、治療のあいまには遊戯もさせ、学科も教え」（傍点―筆者）れば、「子供たちも楽しいふんいきで体操するようになるのではなかろうか[3]」という構想に帰結していくのであった。そして、「医療体操」を東京帝国大学医科大学整形外科教室の田代義徳より学び、整形外科的後療法の技術（手術後のマッサージ法）を習得して、1921年5月に柏学園を創設するに至ったのである。

　この学園の性格をめぐっては、「社会事業の一環をなす（中略）医療・教育・福祉を含めた、『肢体不自由児事業』の萌芽[4]」ととらえる立場がある一方、「設立者の意志から、純然たる学校教育施設を志向したものであって、慈善事業又は職業指導所的色彩は全く存在しなかった[5]」という見解もある。本章では、学校教育機関であったのか福祉施設であったのかというどちらの範疇に属するかといった検討は別にして、学園で展開された実践にみられる「療育」的指導法に着目して取り上げることにする。

　柏倉の指導観を端的に表しているのが、学園の趣意目的である。それは「身体不自由なる児童に、小学校の課程に準ずる教育を施し、適当なる場合には、専門医師に計りて、整形外科的治療を加え、幾分なりとも

その不便を除き、進んで職業教育を授け、将来独立して、生業に従事せしむる<sup>(6)</sup>」(傍点—筆者) と規定している。すなわち、この趣意には、①（小学校）普通教育、②（整形外科的）治療、③職業教育、の3つを指導の柱立てとしていたことを読み取ることができる。日々の実践を行うにあたり、午前中は妻のとくが学科を教え、午後からは夫の松蔵がマッサージおよび体操・運動訓練を行っていたようである。

　本章では、学園の実践をめぐって、1つの園で医療的方策と学科教授を同時に行うという指導方法に先駆的な意義があるととらえたい。すなわち、わが国で最初に肢体不自由児を対象として治療と教育の両側面からのアプローチを実践したという点で評価できる。学園開設の3年後にあたる1924年の高木の「クリュッペルハイムに就て」という論文によって、「吾邦に於ける『クリュッペル』救済事業の状態を観るに、未だ『クリュッペルハイム』は見当らず唯『クリュッペルシューレ』としては、(中略) 柏学園が我邦に於ける実に最初の頁を飾る可きもので有りまして<sup>(7)</sup>」と高く評される結果となる。

### (2)「療育」という用語の提唱—高木憲次の構想から—

　ここでは、高木 (1888年〜1963年)<sup>(8)</sup> が戦前に構想した「療育」がどのようなものであったかを検討してみることにする。

　高木は1916年8月に、本郷と下谷地区での肢体不自由者の実態調査を実施している。その調査結果をまとめたのが表3-2である<sup>(9)</sup>。

　当時の調査を通して高木は、在宅（調査結果では「家庭」として計上されている）の肢体不自由者が多数存在するという現実を直視するのである。こうした調査を経て、肢体不自由児が治療に専念すれば教育の機会を失うし、学校教育を受けようとすれば治療の機を逸することから、両者の機能を兼ね備えた「教療所」の必要性を説くに至ったのである。これが1918年に本郷小学校の同窓会での「夢の楽園教療所」の演説で

表3-2 高木憲次の本郷・下谷地区の「クリュッペル」調査

| 調査総数 855 | | | |
|---|---|---|---|
| 本郷区 439 | | 下谷区 416 | |
| 申告検診 | | 申告検診 | |
| 　学　校 | 356………81.09% | 　学　校 | 297………71.39% |
| 　家　庭 | 29………6.61% | 　家　庭 | 82………19.72% |
| 探訪検診 | 54………12.30% | 探訪検診 | 37………8.89% |
| 「クリュッペル」総数 389 | | | |
| 申告検診中ノ「クリュッペル」数 | 学校 223………57.32% | | |
| | 家庭 89………22.87% | | |
| 探訪検診中ノ「クリュッペル」数 | 77………19.81% | | |
| 本郷区ノ「クリュッペル」数 156 | | 下谷区ノ「クリュッペル」数 233 | |
| 申告検診中ノ「クリュッペル」数 | 学校 90…58.44% | 申告検診中ノ「クリュッペル」数 | 学校 133…57.08% |
| | 家庭 23…13.63% | | 家庭 66…28.32% |
| 探訪検診中ノ「クリュッペル」数 | 43…27.93% | 探訪検診中ノ「クリュッペル」数 | 34…14.60% |
| 本郷・下谷両区人口総数 31万0826 | | | |
| 人口1万人ニ対スル「クリュッペル」数 12.51 | | | |
| 本郷区人口 13万6749 | | 下谷区人口 17万3977 | |
| 本郷区人口1万人ニ対スル「クリュッペル」数 | 11.407 | 下谷区人口1万人ニ対スル「クリュッペル」数 | 13.39 |

あった。すなわち、これは「肢体不自由児がしあわせになるために、医療と教育とさらに職能を授けられるような施設[10]」(傍点—筆者) 構想であった。この「夢の楽園教療所」構想こそ、わが国における肢体不自由児の実態に裏付けられた「療育」を提唱した最初の説として評価することができる。

　この構想が発展するのが、ドイツ留学後の1924年に発表した「クリュッペルハイムに就て」という論文であった。この論文では、当時の肢体不自由者擁護のあり方が、救貧的であったのに対し、「人間全体を完全にしてやる」という発達的な視点から、「『クリュッペル』救済事業には何うしても整形外科的治療、不具児(先天性並に後天性)に対する

第3章 「療育」概念の成立について 41

特種の教育、手工及手芸的練習、及び職業相談所[7]」（傍点―筆者）という4つの方策が連携しなくてはならないという積極的な論旨であったととらえられよう。特に、ドイツのクリュッペルハイム（Krüppelheim）という施設を精力的に紹介しているのが特徴である。しかしながら、当時において、内務省と文部省の両者にまたがるこのような施設の実現は困難であり[11]、高木のこのクリュッペルハイム構想が世に認められたのは、1934年に日本医学会総会で演説した「整形外科学ノ進歩ト『クリュッペルハイム』」が全国的な反響を呼んでからであった。

1934年の同論文においては、表3-3のように「『クリュッペル』医治教護事業」構想を発表しているのに注目できる。

それは、「A予防」「B居宅救護」「C収容救護」の3つから構成された「療育」事業であった。すなわち、「『クリュッペル』ヲ先ヅ治療シ、教導シ、斯ル不遇児ヲシテ将来国家ノ為メ有為ノ材タラシメン[9]」という目的から、肢体不自児の「療育」を、

表3-3 高木憲次の「『クリュッペル』医治教護事業」構想

| | | |
|---|---|---|
| I 整形外科学ノ進歩 | | |
| II 「クリュッペル」〈知能健全／努力ノ意志〉 | | |
| III 「クリュッペル」医治教護事業 | | |
| A 予防 | 1. 実地医家ノ整形外科的教養，認識 | |
| | 2. 「クリュッペル」ノ早期検診，治療 | |
| | 3. 申告，家庭探訪 | |
| | 4. 相談所（Krüppelberatungsstelle） | |
| B 居宅救護 | 1. 外来診察治療所 Krüppelversorgungsstelle Tagesheim | |
| | 2. 「クリュッペル」学校 | |
| | 3. 「クリュッペル」予備校（Krüppelvorubungsschule） | |
| C 収容救護 | 1. 「クリュッペル」(Vollheim) | |
| | a，整形外科的臨床 | 収容／給養／治療〈手術及義肢製作等〉／看護 |
| | b，教育 | 知能教育／精神教育 |
| | c，労務教育 | 適性奨導／創作的努力養成／手工芸的訓練及職業実習／処世教育 |
| | d，職業紹介及授産 | |
| | 2. 不具廃疾院（Siechenheim） | |
| | 3. 知能薄弱児教導所 | |

障害の予防・早期治療から職業的自立までを総合的に考慮していた取り組みとして考えていたのである。

なお、表3-3の「クリュッペルハイム」は、①「治療シ、看護シテ疾ヲ先ヅ治ホサニヤナラヌ」、②「同時ニ少クモ義務教育ヲ授ケネバナラヌ」、③「職業教育ヲモ授ケネバナラヌ場合モアリマス」、④「職業紹介及ビ授産」と髙木はとらえていた。つまり、髙木の「クリュッペルハイム」構想とは治療と教育が「同時ニ」行われるのであって、整形外科学をもとに障害を治療し、ハイムに入所している期間に義務教育を実施するという方策であったととらえることができる。また、先述の柏学園が「クリュッペル」学校として掲載されているが、髙木の「療育」構想は柏倉が実践した学園をその範疇の1つに含みつつも、「療育」機関が広範囲にわたっていることから、直接柏倉の思想に影響されたのではなく、ドイツの肢体不自由児の治療教育をわが国に導入しようとした思想として位置づけることができよう[12]。

しかし、この「クリュッペルハイム」構想が実現されるまでにはかなりの時間を要し、1942年にわが国で最初の肢体不自由児「療育」施設である整肢療護園が開設されてからのことであった。髙木の長年にわたる構想は、「肢体不自由者療護園建設趣意書」に結実している。それは「整形外科的治療、一般教育、職業教導、職業紹介、授産等を包含する完備の施設を企画[13]」して「療育」にあたる施設とすることが記されている。時は太平洋戦争の最中であり、「多数の傷痍軍人」を入所せざるをえないという結果になっていったようである。残念なことに、1945年の東京大空襲で園は全焼し、療護園での本格的な「療育」活動は戦後の復興期を待たねばならなかった。戦後の経営方針をみると、「療育」担当部門を樹立し、医務部、教育部、克服部、職業部の各部署から組織されている。

## 第3節　戦後の児童福祉法の成立過程にみられる「療育」施設の変遷

　さきに、「療育」という用語は高木によって提唱され、整肢療護園の施設づくりで具体的に「療育」実践がなされていくと指摘した。では、この高木の思想が戦後において児童福祉法の制定により「療育」施設として実現し、同法の改正に伴って各種の施設が細分化され発展していったという経緯をここでは検討してみる。

　筆者が、児童福祉法研究会編『児童福祉法成立資料集成』（上巻、下巻）を資料として、「療育」施設の変遷をまとめたのが図3-1である。

　ここでは、「療育」施設がどのような障害の種類を対象としたかに視点を置いて、以下のような時期区分をして整理してみた。

〔第Ⅰ期〕昭和21年10月以降
　　「療育」という施設名称はなく、精神的欠陥および身体的障害を有する者を対象とする施設（児童療護院→療護院）と虚弱児を対象とする施設（虚弱児保護所）に大別された時代。

〔第Ⅱ期〕昭和22年1月以降
　　初めて「療育」という施設名称が付く療育院が設置される。対象は療護院と同じである時代。

〔第Ⅲ期〕昭和22年6月以降
　　「療育」施設が設置され、身体虚弱児、身体機能の不自由児（盲・聾・啞を含んだ）を対象とする時代。

〔第Ⅳ期〕昭和24年6月以降
　　「療育」施設から盲ろうあ児施設が枝分かれし、「療育」施設は盲児・ろうあ児を対象外とする時代。

〔第Ⅴ期〕昭和25年5月以降

## 図 3-1　児童福祉法の成立過程にみられる「療育」施設の変遷

| | | |
|---|---|---|
| 昭和21年10月15日<br>(児童保護法案要綱大綱案) | **児童療護院**<br>精神薄弱児又は肢体不自由児を収容して保護育成する所 | **虚弱児保護所**<br>身体虚弱な児童を収容して保護育成する所 |
| 昭和21年11月4日<br>(児童保護法仮案) | **療護院**<br>第2条第2号に掲げる児童（18歳未満の者であって，精神又は身体に著しい欠陥があるため正常の生活を営むことのできないもの）を収容して，これを保護育成する所 | |
| 昭和21年11月30日<br>(児童保護法要綱案) | 国は精神又は身体の著しい欠陥により，正常の生活を営むことができない児童を療護するため必要な場所に療護院を設置すること | |
| 昭和22年1月6日<br>(児童福祉法要綱案) | **療育院**<br>国は第33条第2号の児童（精神の欠陥又は身体の著しい機能障碍により，正常の生活を営むことができないもの）を療育するため療育院を設置すること | **健児院**<br>公共団体又は私人は，命令の定めるところにより，行政官庁の認可を受け，虚弱児を収容してその健康の増進を図るため健児院を設置することができること |
| 昭和22年1月25日<br>(児童福祉法要綱案) | 同　　上 | 同　　上 |
| 昭和22年2月3日<br>(児童福祉法案) | 国は，第33条第2号に該当する児童（精神の欠陥又は身体の著しい機能障害により，正常の生活を営むことができないもの）を収容して，これを療育する施設をそれぞれ必要な場所に設置する | 公共団体又は私人で，学校教育法の規定による養護学校にも就学することができない虚弱児を収容してその心身をともに健やかにする施設を設置し，…… |
| 昭和22年6月2日<br>(児童福祉法案) | **養護施設**<br>養護施設とは，保護責任者のない児童，虐待されている児童又は精神薄弱もしくは病的性格の児童を入所させて，これを養護する施設をいう | **療育施設**<br>療育施設とは，次の各号の一の児童を収容して，児童の健康増進を図る（身体不自由児に対しては，これを治療し，独立自活に必要な知識技能をも与える）施設をいう<br>1．身体の虚弱な幼児<br>2．身体の機能の不自由な幼児<br>3．病弱，発育不完全その他やむを得ない事由のため，市町村立小学校又は中学校の管理機関から就学させる義務を猶予又は免除された児童 |
| 昭和22年8月11日<br>(児童福祉法案) | **精神薄弱児施設**<br>精神薄弱の児童を入所させて，これを保護するとともに，独立自活に必要な知識技能を与えることを目的とする施設とする | **療育施設**<br>療育施設は，身体の虚弱な児童に適正な環境を与えて，その健康増進を図ることを目的とする施設又は身体の機能の不自由な児童を治療するとともに，独立自活に必要な知識技能を与えることを目的とする施設とする |

第3章 「療育」概念の成立について　45

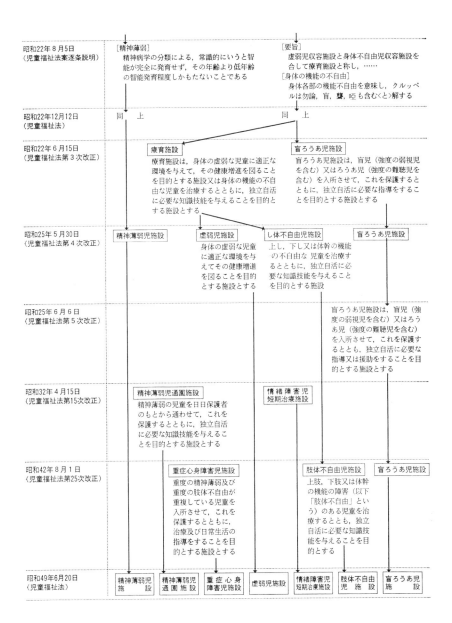

「療育」という施設名称はなくなり、各種の障害に応じた施設が細分化されていく時代。

図3-1から明らかなように、児童福祉法の成立過程において「療育」という施設名称が最初に使用されたのは、昭和22年1月の「児童福祉法要綱案」においてであった。やがてこの「療育」という施設名称は、昭和25年5月の「児童福祉法第4次改正」において存在しなくなっている。すなわち、この施設名称が使われていたのはわずか3年余であったのである。大まかには施設名称に「保護」というのがあてられていたときから、「療育」という名称に移行し、次に障害種類別の施設名称に変遷していったと把握できる。昭和49年6月において施設が障害種類別に細分化されるまでの経緯をみると、「療育」施設が精神薄弱の障害を有する児童以外のすべての児童を対象としていたことから、枝分かれへの「母体」的機能を有していたということを知ることができるのである。

## 第4節　おわりに

第1に、戦前においては「療育」という概念は、肢体不自由児の治療と教育の場を求めようとする展開過程の中で生まれてきたと把握できる。本章では、その端緒として柏倉松蔵の実践を取り上げてみた。さらに、「療育」の本格的な提唱を高木憲次の構想にあると指摘した。柏倉と高木の主張に共通している点は、普通教育、整形外科的治療、職業教育を「療育」の柱立てにしていたということにある。そして、これらの3つの取り組みを兼ね備えた場を「療育」の園とし、有効な結び付きを実践的に検証していた。

第2に、「療育」概念の提唱にあたっては、両者とも肢体不自由児の置かれている状況の改善から出発している点に注目できる。柏倉は体操

免除となっていた実態、高木は本郷・下谷のスラム街での在宅問題においてであった。それゆえ、高木の「療育」構想はドイツの思想に負うところはかなりあるが、わが国に導入しようとするとき、肢体不自由児の置かれた境遇を直視したうえでの提起であったという点に特徴がある。肢体不自由児の「現状からの脱却」を目指した実践という点ては、両者ともヒューマニスティックな面を有していたと評価できよう。ここでは、「療育」概念の成立にあたっては、高木の本郷・下谷地区での調査がベースになっていることにみられるように、戦前の肢体不自由児への教育と福祉をはじめ児童問題の底辺には、「貧困」が存在するという問題の把握ができるのである[14]。

　第3に、高木の主張にみられるように、「人間全体を完全にしてやる」という目的観から「療育」概念が提唱されてきている動向に着目したい。すなわち、人間の諸能力の全体的な発達を成し遂げようとする場合に、「療育」の内容・方法論が必要とされたととらえることができるのである。高木の戦前に執筆された論文には「発達」という用語こそ使用されていないと思われるが、高木の「療育」思想にみられる目的観は当時の肢体不自由児への対策からして、かなり積極的な意味をもっていたのではないかと考えられる。

　第4に、今日「療育」をめぐる見解には多様性を認めざるをえないことは冒頭において指摘した。この多様性は、戦後の「療育」施設が児童福祉法に規定される過程で各種の障害をその対象としたことに端を発すると考えられる。つまり、戦前においては肢体不自由という障害を対象として「療育」概念が提唱されたものの、戦後になると、昭和25年5月の「し体不自由児施設」が設置されるまでには「療育」施設と称して、肢体不自由以外の虚弱、盲、聾、啞までのいくつもの障害を対象としていたという経過がみられ、そうした経過が今日の「療育」の定義に混乱をもたらした1つの原因ではないかと考えられる。

以上、「療育」という概念をめぐって、その成立と特徴の一端を明らかにしてきた。今後の研究では、医療機関から出発した島田療育園(1961年、小林提樹らによる)と福祉施設のびわこ学園(1963年、糸賀一雄らによる)の両施設の成り立ちを取り上げてみたいと考えている[15]。そして、この２つの先駆的な重症心身障害児施設の「療育」実践のなかで、「発達」という思想が現れてくるのはいつごろなのかという検討をしてみたい。特に、「医療と教育の連携」を支えた思想的特質について考察していくという課題が残されている。

　さらに、教育と福祉をつなぐ概念様式の１つとして「療育」をとらえるという指摘もみられる[16]。このような教育福祉論[17]に学びつつ、「療育」概念をさらに検討していきたいと考えている。教育と福祉と医療が相互に関連し合って統一的に保障されればされるほど、障害のある人たちの発達はより促進されると考えられる。これらの分野のかけ橋となる「療育」概念についての検討をさらに進めていくつもりである。

【注】
(1) 小川英彦「わが国における治療教育学説史の動向―杉田直樹の資料文献の整理を通して―」(社会事業史研究会『社会事業史研究』第19号、p.133、1991年)。
(2) 杉浦守邦「柏倉松蔵」(精神薄弱問題史研究会『人物でつづる障害者教育史日本編』、pp.98～99、1988年)。
(3) 柏倉松蔵『肢体不自由児の治療と家庭及学校』、pp.13～14、柏学園、1956年。
(4) 村田茂『日本の肢体不自由教育―その歴史的発展と展望―』、p.45、慶應通信、1977年。
(5) 杉浦守邦「柏学園に関する研究（Ⅳ）」(『日本特殊教育学会第23回大会発表論文集』、pp.642～643、1985年)。
(6) 前掲書 (3)、p.21。
(7) 高木憲次「クリュッペルハイムに就て」(『国家医学雑誌』第449号、1924年)。
(8) 前掲書 (2)、pp.126～127。
(9) 高木憲次「整形外科学ノ進歩ト『クリュッペルハイム』」(『第9回日本医学会会誌』、1934年)。
(10) 日本肢体不自由児協会『高木憲次―人と業績―』、p.30、1967年。

(11) 戦前の行政的児童観の分岐については、留岡清男が『生活教育論』の中で「文政型の児童観」と「恤救型の児童観」と「行刑型の児童観」の3つに分けて特質を述べている（小川利夫・永井憲一・平原春好『教育と福祉の権利』、pp.5～7、勁草書房、1972年）。
(12) 田中勝文・小川英彦ら「治療教育学説史の研究（1）―ヨーロッパにおける治療教育学説―」（愛知教育大学特殊教育教室『特殊教育学論集』、pp.88～109、1982年)。
(13) 前掲書（10）、p.82。
(14) 小川英彦・高橋智「大正期における『劣等児』特別学級の成立―名古屋市の『個別学級』の事例検討―」（『日本福祉大学研究紀要』第85号・第1分冊～福祉領域、p.190、1991年)。
(15) 島田療育園については、小川英彦「小林提樹の重症心身障害児の実践」（『障害児教育福祉の歴史―先駆的実践者の検証―』、pp.85～109、三学出版、2014年）などで報告している。
(16) 小川利夫「教育と福祉の間―教育福祉論序説―」（『教育と福祉の理論』、p.27、一粒社、1978年)。
(17) 田中勝文「教育福祉」（『社会福祉学概論』、pp.216～224、中央法規出版、1981年)。

# 第4章　障害児教育史における生活綴方実践について

## 第1節　はじめに

　障害児教育実践の歴史は第二次世界大戦前においてはじめられ、幾度かの制度の変更を伴いつつ、今日に至っている。その間、著名な実践者は、教育内容や方法で尽力した人、その地域での障害児教育の学校・学級の創設に邁進した人、幼児期・学齢期・青年期といったライフステージごとで活躍した人などの特色で紹介されてきている。
　ところで、障害児教育以外の通常の教育では、生活綴方を行ってきた人物の役割がいくつかの研究書で一定明らかにされてきている。たとえば、1980年代では、『北方教育・その継承と発展』（東北民教研30年史編集委員会、1983年）、『生活綴方と教育』（志摩陽伍、1984年）、『現代の子どもと生活綴方』（坂元忠芳、1985年）、『生活綴方実践論』（村山士郎、1985年）などがある。
　生活綴方は、第一次世界大戦後わが国をおそった経済恐慌の時代に、当時の子どもたちの悲しい生活現実をどうすればいいのかと誠実に思い悩み、子どもたちの健やかな成長をひたすらに願った現場の教師たちによって創造された教育方法であり教育運動である。
　しかしながら、通常の教育ではなく、障害児教育に目を向けると、生活綴方に尽力した実践者についての研究を見ることはほとんどない。そこで、本章においては、以下の2点を目的として進めていくこととする。
　第一に、戦前から今日まで、生活綴方に尽力した障害児教育実践者を取り上げて、その教育活動や指導観を中心に特徴を明らかにする。
　第二に、これらの実践者を通して、障害児教育の歩みの中での生活綴方実践の意義をまとめる。

## 第2節　近藤益雄の実践

　今日までの先駆的実践者の中では、近藤益雄（1907年〜1964年）を第一人者としてあげることができる。

　近藤は長崎県佐世保市に生まれる。1927年国学院大学高等師範部を卒業する。小砂丘忠義らの指導を受け、また、北方性教育運動の教師たちとも文集を通じて交流して、貧しい農民の子どもを対象に、調べる綴方といった実践を行った。代表的な文集『てんぐさ』『勉強兵隊』（1931年）や戦前の教育実践記録の名著とされる『子どもと生きる』（1941年）などを著している。1941年県立平戸高等女学校、1948年田平小学校の校長となる。

　こうした戦前の生活綴方を土台にして、1950年に自ら校長を辞し、佐々町立口石小学校に障害児学級のみどり組を創設、1953年にのぎく寮の開設へと展開した。1962年口石小学校を退職し、なずな寮を創設する。以後、学校と施設の24時間の生活をともにしての教育と福祉の仕事に妻と子息（近藤原理ら）の協力を得て打ち込む。

　『精神遅滞児の国語指導』（1951年）、『この子らも・かく―おくれた子どもと綴方―』（1953年）、『おくれた子どもの生活指導』（1955年）、『精神薄弱児の読み書きの指導』（1961年）、『精神薄弱児の算数の指導』（1963年）などがある。生活綴方の思想と方法が、健常児はもとより教育の困難な知的障害児を対象として検証されている教師歴といえよう。

　こうした先駆的な業績に対して、文部大臣表彰、読売教育賞、西日本文化賞、長崎文化賞、ヘレン・ケラー賞など数多くの賞に輝いた。

　みどり組の学級の集団づくりでは、次のことが目標として掲げられた。①子どものなかまとなって―みどり組のはじめ、いつまでも石ではない、子どもといっしょに、②子どものひとりひとりを―ひとりひとりによさ

がある、ひとりひとりに問題がある、しかもひとりひとりが生きている、③みんなの子ども―あかるい教室にして、なかよくはたらく子どもたち、たすけあいの生活、④ひとりで立って、みんなとすすむ―自治的になった子どもたち、ひとのために役立つ子ども、たのしいみどり組となっている。ここには集団主義教育という特徴が読み取れる。

　近藤は「みどり組の歌」を作った。オルガンを弾き、子どもたちと歌った曲である。

　　　若葉は伸びるみどり色
　　　空から静かな陽の光
　　　草にかわいい露の玉
　　　みんな仲良くいたしましょう


　　　子どもは伸びるみどり組
　　　窓から明るい陽の光
　　　部屋に楽しい笑い声
　　　みんな勉強いたしましょう
　　　　　　　（『ことばの教育』28号、1951年12月）

　その実践の特徴としては「生活と教育の結合」といった点に集約されよう。実践が障害によってひきおこされる発達の制約や生活上の困難を解きほぐし、いっそうの発達を保障していくというプロセスの追求でもあった。それは、まずもって、子どもの生活現実を豊かにするという目的で、障害児教育の内容と方法を構築するという面をもちあわせていた。さらに、子どもの興味・関心や意欲に寄り添いながら、現実生活に応用され実際の生活問題解決力として定着をめざすという意味で、指導をとらえていたのである。近藤の指導観には、「生活に帰す」という視点が絶えず根底的にみえるが、生活実態や子どもの内面に即した、生きる力や生きて働く力を育むことを求めていたのである。つまり、生活を切り

拓く力、生活を考える力、生活を見通す力を形成するための実践であったと評価できる。

　近藤は著書『この子らも・かく―おくれた子どもと綴方―』の中で、「書く力を育てるために、私たちは子どもの生活力を育ててやらなくてはならない。見る力、話す力、聞く力、考える力などから、生活力が少しずつ、築き上げられる」と述べている。ここでは、生活をふまえないと、子どもは認知的な知識を獲得しにくいということ。生活を教科の土台として、一方で、読み書き、考える力は生活を高めるために欠かせないとして、生活と教科の関連性を提起していると理解することができる。

　知的障害のある子どもたちの友だちになり、かたくなな心をときほぐす、心をよむ、心の中に入っていく、口をひらかせる、話しことばを豊かにする、具体物と結びつけて一字一字を教えていく、単語から文章の読み書きへと進む、こうして知的障害児は少しずつ文章が綴られるようになるととらえられている。

　近藤が読み書きの学習を重視する根拠は次の点にある。①障害児学級に入るほどの知的障害児には、やはり読み書きの力をつけてやるべきだ、②その理由は、その子どもたちに、「人間らしい生活へのあこがれ」をとげさせてやるために、③そのあこがれをもたせ、もえたたせてやるために、④読み書きの学習をすることで、勉強の楽しさや喜びをもつことができるために、⑤いくらかでも読み書きの力をこの子どもたちの生活に役に立つようにするために、⑥それらの力がこの子どもたちにいくらかの自信、いくらかの誇り、いくらかの幸福感を与えることができるために。

　戦後の知的障害児教育の歴史において、子どもの知的発達の未分化、抽象思考の弱さ、その上に発達の限界性が強調されて、教科指導が軽視され、経験主義が強調されてきた。ここでは、「愛される障害児」「黙々と働く障害児」像といった社会適応を全面に押し出し、子どもの行動が

パターン化されがちになるという問題をもちあわせていた。こうした問題状況の中での近藤の実践した意義は、知的障害児教育課程の構造化を明確に示し、学力をつけさせるという画期的なものであった。

1956年に打ち出した知的障害教育のねらいは、①健康を保つ、②日常生活のよい習慣をやしなう、③社会人としてのよい生活をつくる、④職業生活の準備をする、⑤知的生活の能力をつくるである。この5つのねらいから、近藤の学力の内実として、①生命維持、健康的活動のための「体力」、②身辺自立のための「能力」、③協力的、勤労的、誠実的な「態度」、④職業生活への「心構え」「技能」、⑤社会生活における最低限度の「基礎学力」をとらえていた。

教育課程の構造は、生活指導と学習指導の2領域としており、生活指導は健康指導と性格指導から組み立てられ、学習指導は基礎学習と生産学習と生活学習と教科学習から組み立てられている。特に、基礎学習には、感覚訓練、手技訓練、運動訓練といった内容であり、これが障害に応じたその特殊性をもつ指導として考案されていた。

## 第3節　大野英子の実践

次に、詩の教育実践指導に力を注いだ大野英子を紹介したい。1922年埼玉県児玉郡児玉町（現在の本庄市）に生まれる。1941年児玉高等女学校卒業後、教員養成所を経て児玉郡渡瀬小学校教員となる。しかし、軍国主義の戦時教育になじまず、2年後教職を去り、群馬県で旋盤工となり敗戦を迎える。1951年再び児玉郡の小学校教員となり、1972年から本庄市藤田小学校の障害児学級の担任になる。1983年退職する。1977年に第12回北原白秋賞を受賞しており、障害児教育関係の著書には『詩の生まれる日』（1978年）、『あしたてんきになーれ』（1985年）がある。

生活綴方教育の先輩でもあり、詩人でもあった近藤にあっても、児童詩教育についての記述はないといっても過言ではない。もちろん戦前において障害児の詩教育は展開されるべくもないことで、それゆえに、大野によってはじめて障害児の詩教育の実践が創造されたという位置づけができよう。

後者の著書のはじめにには、「『読みたい、書きたい、わかりたい』と、どの子もひたすらに望んでいました。私にできることは作文だけです。文を綴ることばかりで日々を送ってしまいました。私のせつない要求に応えたどの子も作文が大好きでした。文字を覚えるよりさきに、綴り方が書きたいと言ってくれる子どもたちでした」と書かれている。

大野は、本庄市藤田小学校の障害児学級担任時代には、川と田と鎮守の森がある純農村地帯にある小学校の片隅に、形ばかりに置かれた障害児学級に抱えきれない多様な障害のある子どもたちを眼前にして実践が切り拓かれた。知的障害児は、字を覚えるのが至難の業、しかし、字を覚えなければ思考を広げ、知力を深めることができない。つまり、発達が低いところに留まることとなる。この字を覚えさせるために、文体とか思考の展開とか論理的な枠組みをもたなければ書けない散文よりも、感性のまま出てくる思いをそのまま表現できればよい自由詩を書かせることに、障害児教育の活路を見出そうとしたと評価できる。

大野の詩の指導には、生活の深い実感をほりおこすことに特徴がある。そのために、題材をさがすために、子どもとの生活の話し合いをまずは重要視している。詩はその中から生まれてくる。こうした中に大野が子どもの生活への感受性を大切にしたという点を見落とすことはできない。教師と子どもとの心のふれあいが生んだことばこそ児童詩というものであったろうと思われる。障害児にも自己主張の力を育て、対象のもつ意味を深くとらえる目をもたせようとする指導観であったのである。

大野は障害児の文について次のような記述をしている。「この子たち

の文には、ここをもっと書きなおせなどとは言えない。説明不足、舌たらず、ひとり合点、みんな読み手が汲みとって、せい一ぱいの要求、訴えが安心して出せる学級作りがしたい」「詩を好きにさせ、たくさん、たくさん書かせたい。書いたものは、みんなに発表させたい」このことから、児童詩を通して、集団づくりを考えていたことが明らかに読み取れる。

　障害児学級の中で一例として次の詩が作られている。

　　　タンポポのたねが　のはらをとんでいる。
　　　つうちゃんは　なんにもみえないの

　全盲のつうちゃんに、タンポポの綿毛が沸き立つように舞い上がる晩春の野に飛び交う美しさを見せてやりたい。自分が見てきれいだなと思うものは全部つうちゃんに見せてやりたいという訴えを読み取ることができよう。根底には子どもの願い・要求を大切にするといった指導観がある。「読みたい、書きたい、わかりたい」といった子どもの望みにこそ応える教師であった。

　障害児学級の千栄子へのかかわりでは、二行の線書きのような一生懸命書いた「文字」を、描き出し始めたときに見られる一見乱雑な線画、いわゆる掻画とか錯画といわれるものに意味を見出すこととよく似ていて、千栄子の「文字」を書こうとする意欲を永久になくしてしまわない応答が展開されている。そして、文字を覚え、感性を磨き、やがて、次の詩を書くようになる。この詩には校長が曲をつけて、学級の歌にまで展開している。千栄子にとって、安定感（安定への欲求）と所属感（所属・愛情への欲求）の獲得へとなっている。

　　　あしたてんきになーれ
　　　　ちえ子のくつがまっすぐおちた
　　　　あしたはいいおてんきだ
　　　　ままごとできる
　　　　なわとびできる

## 第4節　江口季好の実践

　さらに、江口季好(1925年～2014年)の児童詩教育実践を紹介したい。佐賀県諸富町に生まれる。佐賀師範学校卒業後、早稲田大学文学部を卒業する。小学校・中学校に勤務する。東京都大田区立池上小学校で17年間障害児学級を担任する。大田区教育委員会社会教育課主事などを務める。1986年にサンケイ児童出版文化賞を受賞し、1988年に日本作文の会賞、2000年に社会文化功労賞（日本文化振興会）を受賞する。日本作文の会編『日本の子どもの詩』（全47巻）で編集委員長を務めた。著書には、小学校教科書『国語』、『道徳』、『児童詩の授業』(1964年)、『児童詩教育入門』(1968年)をはじめ、障害児学級関係では、『先生とゆびきり』(1982年)、『障害児学級の学習指導計画案集』(1987年)、『障害児学級の国語（ことば）の授業』(1991年)、『自閉症児とつづる詩・作文』(2013年) など多数ある。単行本は28冊、雑誌および単行本所収の論文・資料は310編ともいわれる。したがって、江口の児童詩教育の理論と実践は、戦後の児童詩教育の理論と実践の代表的なもののひとつとして位置づけられよう。

　文を書く段階で、一語文として書くこともあるし、二語文や三語文で書くこともできる力を身につけた子どもたちにとって、最も大事なことは書く意欲をもたせ、書いた喜びを感じるようにすることであると主張している。このために、要求と共感を大切にして、要求というのは実に多面的なものを含んでおり、子どもたちは書くことでそれが実現できることを知ったとき、社会的な要求も表現するようになる。また、ある日あるとき、自分が感じたことを書いて共感を広げたりするとも述べている。『先生とゆびきり』のはじめにで次のようにまとめている。「障害をもつ子どもたちは、それゆえにかけがえのない可能性を奥に深く深く秘

めて生きている。葉採さんと菜採さんは、その秘めたものをはっきりと見せてくれた。詩と作文の一つ一つに生きる喜びと願いをこめて語ってくれた」

　江口は、知的障害児に対する教科指導が軽視されがちの中、「本来、児童詩教育も作文教育もその表現内容は、子どものあらゆる生活の場面にかかわっていて、国語科だけでなく自然や社会の認識や人間関係とかかわり、各教科と関連している」として、教科指導の意義を力説している。もちろん、それぞれの教科指導の内容は、教科書を中心とした通常学級のものではなく、『障害児学級の学習指導計画案集』の通りである。指導の方法も、低学年では個別指導を重視し、中学年や高学年では一斉指導を中心に進めるという指導観による。学習の過程では、何よりも大事なことは、子どもが自分から達成しようと明るい気持ちで努力していくようにすること、そのためには、成長の喜びを感じさせていくことであるとしている。

　教科指導への子どもたちの願いは次の作品からも読み取れる。
　　おかあさん
　　学校でおべんきょうしたよ
　　さんすうやった
　　江口先生がもんだいだしたよ
　　わたしがいったの
　　みんなあったよ
　　おかあさんが
　　へーってびっくりしました


　江口の教育観では、学力を次の３つでとらえている点に特徴がある。①各教科の中にある知識とそれを用いて生活する技能、②観察力や注意力、矛盾を発見する力、分析力や総合力、記憶力や想像力、③価値につ

いての判断とそれをつらぬく正義感、勇気、連帯意識、愛情というようなものである。特に、③に着目しているのは、詩は感動を伴ったことばであるという点にかかわっているからである。

もうひとつの特徴は、教育として計画的に進めていくところに、指導段階構築の必要性を説いているところにある。たとえば、国語教育の構造を、①発音、②単語、③文字、④文、⑤文法、⑥語彙、⑦話しことば、⑧聞くこと、⑨読むこと、⑩書くこととしている。ここには、指導領域や配列における順序性といった指導の系統が示唆されている。

## 第５節　坂爪セキの実践

加えて、1930年に群馬県佐波郡に生まれた坂爪セキの実践もある。1949年群馬県立佐波農業高等学校を卒業し、境町立境小学校の助教諭となる。1961年より境町立采女小学校に転任して障害児学級の担任となる。1973年境町立東小学校に転任する。著書には『障害児教育実践記録　かぎりない発達をもとめて』(1971年)、『学び生きるよろこびを－障害児の教科指導と生活指導－』(1971年)、『障害児の教科指導』(1974年)、『生きる力をこの子らに』(1977年)などがある。1977年刊行の著書の中で、「子どもたちの思いや考えを自由にのびのびと書いていくことは、お互いに胸の中を知らせ合うことであって、子どもたちを解放していくひとつの仕事につながっていく」と書かれている。

坂爪実践を通しては、次のトーンが流れていると評価したい。知的障害のある子どもたちに認識力を培うために、①生活と認識、②感覚と認識、③集団と認識、④労働と認識、⑤描画と認識という視点である。①では、生活を通しての人間関係の中で、書きたいという要求が生まれ、心通わせる人間関係の深まりの中で、より正確に書こうという意欲が高まり、そこに、リアリティ、真実性をみぬく力が生まれていく点に注目

できよう。③では、子どもの能力・人格の発達は、集団の教育力とのかかわりでとらえねばならない。授業の中でひとつのことをみんなで仕上げていける、そうした力が学級集団の中に生まれてくる。集団の中にいる子どもたちは、みんなと力を合わせて大きくなっていくのだということを知らず知らずのうちに身につけていく。「発達は集団の中で、要求から始まる」という発達の原則を示唆するところに先駆性がある。④では、たとえば田植えという集団労働に参加して、身体全体を活動させ、特に、手の労働を行うといった手指の操作性に着目している。⑤では、自由画から主題画へ、主題画から観察画へという系統的学習を考えつつ、生活の中での感動を確かな描写力で1枚の絵に描きあげさせたいという思い、その感動は、観察画の中で行われる描写力の指導と認識力が相まって、すばらしい作品を生み出していく原動力となっているととらえている。

こうした障害児の力を育てるためには、各教科別にねらいをもって学習することの重要性に繋がっている。当時、知的障害児教育で位置づけられた、経験させることを重視した生活単元学習への限界に挑む姿勢でもあった。子どもたちの発達の段階・道すじに即して、系統的に束ね直したものを教科と呼ぶならば、教科指導はどんなに障害の重い子どもたちにも必要であり、可能であるといった教育観である。坂爪実践を支えたものとして、学級集団はもちろん、学級の父母集団、小学校の職員集団、群馬の障害児教育サークルの仲間たちがあったのである。

坂爪は次のように論じている。「教育で大切なことは、初めから、なにも誤らないように、つまり誤る余裕さえ奪っておいて、早く、たくさん、上手に、教師の期待する答えのみをだせる子をつくることではなく、誤りを食べながら太る子、すなわち誤りを自ら発見し、自らの力で真実に迫っていける子を育てることではないでしょうか。」

卒業生を送るたびに、坂爪が大切にしていた詩は次のものである。

もくれんの花が
あおぞらにゆらぐ
大きくなれよ
さよなら　みんな
みんなのことを
いつまでもわすれない
幸せになれよ
さよなら　みんな

## 第6節　おわりに

　戦前から今日まで、生活綴方に尽力した障害児教育実践者の教育活動や指導観を通して、以下のような意義が導かれる。

　第一に、生活を通して、人間関係の中で書きたい、描きたいという要求が生まれ、心通わせる人間関係の深まりで、より正確に書こう、描こうという意欲や共感が高まっていったと理解できる。

　第二に、学習の出発点を、子どもたちの発達要求を組織することに置いている。発達は集団の中で、要求から始まるといった発達の原則を示している。

　第三に、子どもたちの能力の獲得の道すじは、人格の発達とのかかわりでとらえなければならない。そして、個人の能力・人格の発達は、さらに、集団の中で達成されていくという基本的な道すじがある。集団の教育力に注目する必要がある。

　第四に、その道すじは、すべての人間に共通するもので、普遍的なことがらである。たとえ、障害があろうと別な道すじを歩むものではない。時間はかかるかもしれないが、その発達の可能性はあるということである。

第五に、能力や人格は、人間が創造してきた文化を獲得していくことで、ますますその輝きを増していくことになる。子どもたちの発達の段階に即して、系統的に束ねたものを教科と呼ぶならば、教科指導は、どんなに障害の重い子どもたちにも必要であることを提示している。

　最後に、生活綴方の教育方法と障害児教育のかかわりについて述べておきたい。生活綴方の教育方法は、生活の事実に即してありのままに綴らせるこまやかな指導を通して、リアルな表現活動を展開させ、この中で自己確立をはかりながら、真実への共感によって連帯感を育てていく。このことは障害児教育では、子どもは解放された中でこそ、生き生きとした自主的な意欲的な行動をみせ、この行動は子どもが成長する基盤であると理解できる。まさしく生きる力を獲得していくことになる。

　生活綴方の教育方法は、生活を綴り、それを学級で話し合い、考え合い、さらに生活を綴っていくことを実践の主軸にする。このことは障害児教育では、ことばを育てることを重視することになる。

　生活綴方の教育方法は、具体的な生活体験を通して行うものである。このことは、障害児教育では、日々の日常生活での体験と授業での系統的な学びの経験が行き来することで、より確かな生きる力、やがては学力の高まりへと、定着する力へとなる。

　生活綴方の教育方法は、細やかな指導をして知的にも感性的にも豊かに育てていく。このことは、障害児教育では、障害児の認識を確実なものとしていく上で、教科指導を欠くことができないことになる。

　今後の障害児教育の発展のために、生活綴方を志向した実践者は、何よりも授業を大切にしていた。障害児教育の授業論では1980年代から90年代初めにかけて教科指導が盛んに論議されたが、その後は大きく取り上げられることはなかったと指摘されることがある。本章で扱った4人の実践をふまえて、教科指導の理論的・実践的提起を再検討し、授業論研究の方向性に繋がることを期待したい。

【注】
・小川英彦「知的障害児教育の先駆者：近藤益雄」(中野善達『障害者教育・福祉の先駆者たち』、pp.139〜174、麗澤大学出版会、2006年)。
・小川英彦『障害児教育福祉の歴史―先駆的実践者の検証―』三学出版、2014年。
・近藤益雄『精神薄弱児の読み書きの指導』日本文化科学社、1961年。
・近藤原理『ちえ遅れの子の教科指導』くろしお出版、1969年。
・清水寛、松尾敏、近藤原理『近藤益雄著作集』全7巻、補巻1巻、明治図書、1975年。
・清水寛『シリーズ福祉に生きる57 近藤益雄』大空社、2010年。
・大野英子『詩の生まれる日』民衆社、1978年。
・大野英子『あしたてんきになーれ』全国障害者問題研究会出版部、1985年。
・江口季好『先生とゆびきり』ぶどう社、1982年。
・江口季好『障害児学級の学習指導計画案集』同成社、1987年。
・江口季好『障害児学級の国語（ことば）の授業』同成社、1991年。
・江口季好「障害児に対する『書きことばの獲得をめざす実践』で大切にしたいこと」(全国障害者問題研究会出版部、『みんなのねがい』393号、pp.68〜71、2000年)。
・江口季好『自閉症児とつづる詩・作文』同成社、2013年。
・坂爪セキ・吉本哲夫・横田滋『障害児教育実践記録 かぎりない発達をもとめて』鳩の森書房、1971年。
・坂爪セキ「この子らとともに―成長していく子どもたち―」(三島敏男『学び生きるよろこびを』、pp.7〜59、明治図書、1971年)。
・坂爪セキ「図画」(群馬障害児教育研究サークル『障害児の教科指導』、pp.213〜223、明治図書、1974年)。
・坂爪セキ『生きる力をこの子らに―障害児学級12年の実践―』あゆみ出版、1977年。
・伊勢田亮『教育課程をつくる―障害児教育実践入門―』日本文化科学社、1999年。
・小川英彦、新井英靖、高橋浩平、広瀬信雄、湯浅恭正『特別支援教育の授業を組み立てよう』黎明書房、2007年。
・湯浅恭正『障害児授業実践の教授学的研究』大学教育出版、2006年。

# 第5章　生江孝之の保育事業の特徴について

## 第1節　はじめに

　今日、就学前の行政をめぐっては、これまで保育所と幼稚園という伝統的なタテ割行政が実施されてきたが、こうした厚生労働省と文部科学省の両行政の制度を残した上で幼保一体的な運営をする総合施設として内閣府が管轄する「認定こども園」の提起がなされた。①保育料が高額な場合がある。②待機児童が確実に入園できるわけではない。③これまで維持できていた公立園ならではの保育の質が果たして今後も持続して保障できるのかどうかなどが問われている。

　以上、私立か公立によってかかる費用に差がある、公的責任の低下といった問題があり、今後の保育行政の行く末を考えると一定の理論的立場から整理を示す必要性を感じる。本章ではひとつの試論として歴史的な視点から導くという方法から提案してみることとする。

## 第2節　生江の研究を取り上げる理由

　わが国における保育事業の展開過程をふりかえると、大正後半期での社会事業のひとつの分野として展開された乳幼児保育があげられる。ここでの最大のポイントは、従来託児所ないしは乳幼児預所と呼ばれていたものが保育所となって、保育内容や制度が一定前進した経過を指摘できるといえるのではなかろうか。

　この時期の著名な保育思想家・社会事業家としては、倉橋惣三や高田慎吾や生江孝之などがあげられよう。倉橋についての諸研究はこれまで保育研究界で蓄積がなされているのは承知のごとくである。この3名に関して、社会事業史・社会福祉史研究者の第一人者であられた吉田久一は『現代社会事業史研究』の中で、各人の特徴について次のように端的

に指摘している。それは、「倉橋は家庭教育を原理的基礎として就学前教育を確立しようとし……高田は家族制度批判、政策的主張がある……生江は高田ほど社会的側面が濃厚ではないが……[1]」としている点である。この吉田の言及については、換言すれば、倉橋には教育性、高田には社会政策性、生江には児童保護性が認められるとしていると理解できることをおさえておきたい。

ところで、本章で調査対象の一部としている大正後半期においては、乳幼児を含め、児童保護の成立という転換期になっているという時代の特質を見極めることができる。それは、対象児童がそれまで従来のように「社会的弱者のみ」であったものから、「一般的児童」への拡大があった点に大きな変化があったと理解できるからである。こうした対象分野が拡大する中で、本章が注目している就学前の行政のあり方に注目すると、たとえば、幼稚園に社会性を与えたのが保育所であり、そして、保育所は幼稚園から教育性を学んでいることに気づかされる。ここには、保育所（内務省）と幼稚園（文部省）の両者が実態としては別々であったものの、それからの双方の役割を確立していく段階としてみれば、役割的には補完の関係を打ち出した点を理解できるのではないかと指摘できよう。すなわち、それぞれの専門性を有しつつ、ここでは教育と福祉の統一的形態を求めたという萌芽を垣間見るとも評価できよう。

さらに、この時代の特質として、私的救済にとどまるのではなく公的保護をより促そうとした点、恩恵という視点からの援助に終始するのではなく新たに権利という視点へと進んでいた点も特筆できる。

本章では、前者3人の中から、社会事業、児童保護事業の成立に多大な貢献をした代表的な研究者である生江（1867年～1957年）を取り上げ、生江の数ある事業のうちで、保育事業について研究の焦点をしぼって彼の思想の特徴を追ってみることとした。それは、大正デモクラシーを背景として成立した児童保護が、多くの点で従来の感化救済事業には

なかった点を加えているからであり、当時の児童保護研究のリーダー的存在であった生江の保育事業の特徴を求めることで、現代のもつ保育行政問題に一定の活路を見いだせることができると考えるからである。

## 第3節　生江の先行関連研究と本章の目的と方法

　さて、生江については、"日本の社会事業の父"と呼ばれ、その代表的な著書と論文については、一番ケ瀬康子の研究によれば、「『社会事業綱要』(1923年)、『日本基督教社会事業史』(1931年)など10冊があり、社会事業に関する論文には760をこえ各種の雑誌に発表している。」と指摘される[2]。

　生江に関するこれまでの先行関連研究を分類してみると、人物史という側面からの研究、日本キリスト教社会事業思想の展開という側面からの研究、著書『社会事業綱要』の内容という側面からの研究が主要論文として扱われていることを学ぶことができる[3]。

　特に、保育事業に関する研究という側面よりながめてみると、岡田正章による「生江孝之―児童福祉学の理論的高揚と実践―」[4]の先駆的労作があるものの、その後に生江の保育史上で果たした役割についての検討をした研究がなされていないのではないかと思われる。

　そこで、本章では、多くの生江の著書と論文の中から、保育に関する記述を所収しているものを調査し、その保育事業の特徴を指摘することを目的とする。その方法としては、『生江孝之君古稀記念』[5]にある1887年から1938年に執筆された「10.　児童保護事業」(pp.629〜636)の著作目録を手がかりにして、当時刊行されていた教育や福祉に関する諸雑誌に指摘されている論文を収集することとした。

## 第4節　調査した生江の保育事業関係論文一覧（執筆年順）

1「子守学校設置の必要」(『慈善』、第3篇第3号、明治45年)
2「幼稚園教育界の二大急務」(『婦人と子ども』、第13巻第1号、大正2年)
3「保育事業に就て」(『救済研究』、第3巻第7号、大正4年)
4「内外に於ける昼間保育の施設状況に就て」(『婦人と子ども』、第18巻第8号第9号、大正7年)
5「乳児幼児の保護を如何にすべきか」(『幼児教育』、第20巻第7号、大正9年)
6「乳児保護に関する諸問題」(『幼児教育』、第21巻第1号、大正10年)
7「ニュージイランドにおける母子保護問題」(『幼児教育』、第21巻第7号、大正10年)
8「米国に於ける母性保護法案」(『幼児教育』、第22巻第1号、大正11年)
9「産婦及乳児の保護」(『社会事業』、第6巻第7号、大正11年)
10「児童保護の根本観念」(『社会事業』、第6巻第11号、大正12年)
11「乳児保護事業の必要」「昼間幼児保護事業」(『児童と社会』、大正12年)
12「児童保護事業」(『社会事業綱要』、大正12年)
13「世界各国及都市に於ける乳児死亡率」(『社会事業』、第8巻第12号、大正14年)
14「保育事業運営の新傾向」(『社会事業』、第10巻第7号、大正15年)
15「乳幼児保護の諸問題」(『社会事業』、第12巻第10号、昭和3年)
16「乳幼児に対する徹底的保護」(『社会教育』、第5巻第5号、第6号、昭和3年)

17「新西蘭に於ける児童保護の近況」(『社会事業研究』、第16号第1巻、昭和3年)
18「児童保護施設概要」(『社会事業』、第14巻第8号、昭和5年)
19「我国に於ける乳幼児愛護運動」(『社会事業』、第15巻第4号、昭和6年)
20「児童保護事業と基督教徒」(『日本基督教社会事業史』、昭和6年)
21「社会事業に於ける育児事業の地位」(『社会事業』、第18巻第7号、昭和9年)
22「保育所の社会的意義と教育的意義」(『社会事業』、第19巻第1号、昭和10年)
23「乳幼児愛護運動に対する二、三の提唱」(『社会事業研究』、第23巻第5号、昭和10年)
24「農村託児所の話」(『社会事業研究』、第24巻第6号、昭和11年)
25「明治三十七年―神戸市奉公会幹事、神戸市婦人奉公会嘱託に就任し、我が国未経験の乳幼児保育所創設」(『生江孝之先生口述わが九十年の生涯』、昭和33年)

## 第5節　生江の保育事業の特徴

　以上の25編の論文の中から、本章では下記のようにいくつかの論文をピックアップして紹介することとした。

### (1)　児童救済施設の発展の中で

　主要著書と指摘される『社会事業綱要』をみていくと、「児童保護事業」(論文12)が所収されている。そこには、明治期と大正7年までの児童に関する救済施設の推移がまとめられているのに注目できる。その中から保育事業を取り上げると、明治21年～30年に1事業、明治31年～

35年に3事業、明治36年〜40年に8事業、明治41年〜44年に6事業、大正元年〜7年に46事業があげられている。生江自身の保育事業の開始は、この一連の推移の中においては、明治37年（1904年）の神戸市での「児童保管所」であると指摘されるのが通説である。（同保管所創設の経緯、活動、保育者についての詳細は、「生江孝之と保母たち[6]」）

日露戦争下での保育所の形態については、これまでの研究では、第一に軍人家族の子弟を対象とした出征軍人児童保管所と、第二に都市下層社会の子弟を対象とした保育所に大別できるとされているが、生江自身が最初に着手した保育事業はその前者の性格を多大に有していたのである[7]。いずれにしても当時の事業推移からしてかなり早い時期に保育所事業を興していることが明らかである。

明治期後半から大正期にかけては、保育要求が多様化し、明治当初から設立されてきた幼稚園中心の保育制度が再検討され、整備されていく時期に相当する。内務省からモデル園として推薦された生江の着手した「児童保管所」は、その後の保育の動向を方向づけるという意味において画期的な事業を展開したといっても過言ではなかろう。

### (2) 海外の保育事業からの影響

「乳児幼児の保護を如何とすべきか」（論文5）、「乳児保護に関する諸問題」（論文6）、「ニュージイランドにおける母子保護問題」（論文7）、「米国に於ける母性保護法案」（論文8）は、いずれも当時の就学前を扱った代表的な雑誌である『幼児教育』誌に見出すことができる。大正7年から大正11年にかけてのものである。どの論文を読んでも海外の保育事業に卓見していた点があげられる。外国での進んだ保育事業に関心を常に寄せ、わが国に紹介する研究姿勢を大いに知ることができる。特に、明治33年（1900年）に渡米、37年（1904年）2月に帰国するまで、主としてイギリスの事業を視察しているが、こうした生江自身の実際を

重んずる海外での体験がその後のわが国における保育所の事業拡大への引き金になっていたと評価したい。『社会事業綱要』の中でもうかがえるように、生江の社会事業の基本的な考えはヨーロッパに発していると把握できる。それは、フランスの法律学者のレオン・ブルジョアの思想を取り入れた社会連帯思想にあらわれている。欧米の紹介をふまえた論述は、当時の保育事業界に提言として大きなインパクトを与え、保育事業を一層発展するように働きかけていたと考えられる。

### (3) 日本キリスト教社会事業との関係

生江は明治19年（1886年）にキリスト教の洗礼を受けている。「児童保護事業と基督教徒」（論文20）にもみられるように、当時の日本キリスト教社会事業のリーダー的存在として力を発揮していた、留岡幸助、原胤昭、山室軍平などを知友にもち、こうした先覚者たちとの友情が生涯にわたり育まれていったことが、各種の児童保護事業に多面的に活躍することとなったのは当然の帰結であったのである。こうした宗教的立場からの保育事業への提起の役割を一定見出すことができよう。神戸保育会の活動については『日本基督教社会事業史』に詳しく見られる[8]。

### (4)「児童の権利」が主張される中で

大正デモクラシーを背景とした児童保護では、幾人かの先駆的研究者の立場によって「児童の権利」という主張が取り上げられている。先に紹介した高田もそのひとりであったが、生江との論点の比較をいえば、生江の場合は、「児童保護の根本観念」（論文10）で打ち出されているように、「①立派に生んでもらう、②立派に養育してもらう、③立派に教育してもらうという権利」を内実としてとらえている。ここからは、「生存の権利」とよりよく「生活する権利」とを併せ持っていると今日的に評価できるのではなかろうか。生江だけにけっして主張されたのではな

いものの、大正期においては、「児童の権利」、「生存の権利」、「生活する権利」思想をもって児童保護の根拠とする発想はきわめて重要な意味をもっていたと考えられる。

### (5) 新たな保育所の位置づけ

以上のように児童の「生存の権利」「生活する権利」にもとづく生江の見解は、さらなる保育所設置が社会的急務であるという考えを社会に訴えかけていくという役割を推し進めていくこととなる。それと、「保育所の社会的意義と教育的意義」（論文22）にあるように、労働する母親との関係のもとで、その家庭に代わってその子女の教養にあたるべきとして、社会的、教育的な意義からその必要性が主張されるようになっている。①②③の「児童の権利」を述べる中で次のように続けて主張している。「然し其の父母が充分に子女の権利を擁護し徹底せしむる事が出来ぬならば、国家社会が之に代らねばならぬのである。人間には生存の権利があると共に良く生存すべき要素の具備を要求する権利を有すると信ずる」。この文脈からは、「児童の権利」の擁護にあたるのは家庭や父母であって、これが不可能な場合に国家が代わりにあたると読み取れる。今日的には、広義の養護にあたり、家庭養護の代替・補完的位置づけとしての社会的養護を強く提起したものと評価できよう。

また、この保育所への期待は、当時の社会問題対策の一環として把握されていたのであった。つまり、その頃においては、わが国での乳児死亡率の高さが欧米に比較してかなり問題となっていたのである。こうした論の展開は、たとえば「乳幼児保護の諸問題」（論文15）にあるように乳幼児の保護の力説とともになされている点からも明らかである。

この乳幼児への保護は、国力増強をさせる上でも必須となっていたととらえられよう。このことは、たとえば、生江の当時の児童観の特色でもある「家の宝は子供である。国の宝は民である。民強ければ国興り、

民弱ければ国衰ふ」といった子宝観を提起している。

## 第6節　おわりに

　生江の保育事業の特徴について最後に次のまとめをしておきたい。
　第一に、生江の思想全体においては、権利思想を根拠にした点に卓越したものを感じる。吉田がかつて指摘した児童保護性をもつ特徴については、権利からの児童保護であったと再確認できるのである。後掲した補則資料②からわかるように、児童保護事業に関する論考は他の社会事業に比較するとかなり多いことが明らかである。この児童保護事業での指摘の中に保育論を位置づけることができる。
　第二に、保育所の新たな社会的役割を提起した点である。これには諸外国の状況から学ぶ姿勢があるものの、あくまでも当時のわが国の社会的状況、特に母親の労働保障の観点を貫いていたのである。換言すれば当時の労働運動と連動させようとした意図がうかがえよう。それは、生江においては「昼間保育事業」（養育の場を家庭にもちながら、しかし昼間保護者以外の人によって保育されることの必要な乳幼児のための保育機関）と呼ばれていたが、大正年間になって東京・大阪・京都などの大都市において保育施設が公立として増加していく際のモデル案になっていたと評することができよう。まさしく、働かなければならない母親をもつ幼児のための施設モデルであった。
　特に、『婦人と子ども』『幼児教育』に論文を発表していることから、当時の幼児教育関係の代表的な専門誌を通じて、保育界に一石を投ずることによって、さらに幅のある活動へと発展することを願っていたと評価できよう。
　そして、その保育所の役割として、教育的意義を加味している点にも目新しいポイントがある。たとえば、保育所を利用しなければならない

家庭にとって、昼間は両親ともに働いていることから十分に習慣をつけられないといったことである。この点においは、教育と福祉の統一的保障の発想、ならびに、内務省主導型の公立での新たな園づくりへの主張でもあった。今日的にいえば、保育内容の幼稚園、保育所での一元化を考え、これを実際的に実現させようとしていた意図を読み取ることができる。この新しい園づくり構想は、当時の労働条件の悪化の中で、家庭環境機能が劣化していくという状況からの提起であった。つまり、幼稚園と保育所の統一的発想は、理念としてよりも、当時の社会状況からくる現実からの提起であったと本章では指摘しておきたい。

　第三に、本章の第4節で調査した生江の保育事業関係論文からして、乳幼児全体の保護を対象としていた点である。貧困等の特定の家庭に発生する問題としてではなく、いついかなる場合でも一般の家庭でも起こり得る社会問題対策として保育事業の必要性をとらえていたのであった。社会的弱者といった特殊性よりも、どの児童にもといった普遍性を求めた思想に特徴があった。

　第四に、『社会事業綱要』において、生江の保育論は端的に集約されている。その著書の章立ては、①保育事業の特徴、②経営上注意すべき事項、③児童に関する注意となっている。そこには、幼児教育のみを専門とする立場ではなかったことから、保育の内容や方法についての指摘は残念ながらうかがえない。つまり、保育施設の社会的役割が根強く展開された保育論といった性格を見出すことができる。補則資料①②の略歴と業績からして、生江のライフワークはやはり社会事業、児童保護事業の理論的研究を進展させようと力が注がれていたゆえに保育の中身までについての新鮮なる論究の弱さはやむをえないことであった。

補足資料①

### 生江孝之の略歴

| 年 | 事　項 |
|---|---|
| 1867 年 | 仙台に生まれる　仙台藩士生江元善の三子 |
| 1886 年 | 宮城中学校時代に受礼　同年中学校卒業 |
| 1899 年 | 青山学院神学部卒業（原胤昭、留岡幸助と会い社会事業を志す） |
| 1900 年 | 社会事業調査研究の目的で渡米（ディヴァイン博士などより学ぶ、ボストン市の育児院で実習） |
| 1903 年 | イギリスを訪問（グラスゴーで社会事業を視察） |
| 1904 年 | 神戸において出征軍人遺家族救護会の設立理事として保育事業に携わる〜1908 年 |
| 1909 年 | 内務省嘱託（井上友一、中川聖を支援、1920 年社会局創設に参画〜1923 年） |
| 1918 年 | 日本女子大学において、社会事業及び社会政策等の講義担当〜1944 年（日本大学、立正大学、青山学院、明治学院、関東学院、同志社大学でも教鞭をとる）（済生会などの社会事業団体の顧問、理事、評議員を兼任する） |
| 1929 年 | 『社会事業綱要』（厳松堂）の刊行 |
| 1931 年 | 『日本基督教社会事業史』（教文館）の刊行 |
| 1933 年 | 麻薬中毒者救護会の設立 |
| 1957 年 | 『わが九十年の生涯』（日本民生文化協会）の刊行　<br>8 月　逝去（享年 90 歳） |

出所：一番ヶ瀬康子「生江孝之―社会事業一筋、九十年の結論―」（『月刊福祉』1969 年 10 月号、pp.42 〜 45）

一番ヶ瀬康子「生江孝之」（『人物でつづる近代社会事業の歩み』、1981 年、pp.140 〜 147）

「生江孝之」（『日本女子大学学園事典―創立 100 年の軌跡』、2001 年、p.226）

補足資料②　【本章においては紙幅の都合上、出所のみの紹介とする】

詳細の履歴については、小笠原宏樹『シリーズ福祉に生きる　29 生江孝之』の年譜、1999 年。
生江孝之先生自叙伝刊行委員会『生江孝之先生口述わが九十年の生涯』の生江孝之先生の経歴、1958 年。

詳細の業績については、「著作目録　年次別」「著作目録　種類別」（生江孝之君古稀記念会『生江孝之君古稀記念』、1938 年。【下記※に概要の著作数をまとめた】
一番ヶ瀬康子「生江孝之の生涯と業績」（『生江孝之集』、鳳書院、1983 年）。

一番ケ瀬康子「解説」(『日本児童問題文献選集三』、日本図書センター、1983年)。
※

| | | |
|---|---|---|
| 宗教関係　11 | 教育関係　10 | 地方改善事業　37 |
| 社会事業一般　111 | 救護事業　16 | 方面事業　1 |
| 経済保護事業　14 | 職業保護事業　7 | 医療保護事業　34 |
| <u>児童保護事業　115</u> | 教化事業・隣保事業　21 | |
| 司法保護事業　6 | 農村社会事業　14 | 海外社会事業　153 |
| 随筆紀行其他　204 | | |

(以上は、『生江孝之君古稀記念』の著作目録より抜粋したもの)

【注】
(1) 吉田久一『現代社会事業史研究　吉田久一著作集3』、p.66、1990年、川島書店。
(2) 一番ケ瀬康子「生江孝之の業績」(同志社大学総合情報センター『生江文庫目録』、pp.157～160、2003年)。
(3) 社会福祉古典叢書4『生江孝之集』、p.448、1983年。
(4) 岡田正章「生江孝之―児童福祉学の理論的高揚と実践―」(『保育に生きた人々』、pp.84～100、1971年)。
(5) 篠崎篤三・布川孫市他編、生江孝之君古稀記念会『生江孝之君古稀記念』、1928年。
(6) 兵庫県社会福祉協議会「生江孝之と保母たち」(『福祉の灯』、1971年)。
(7) 生江孝之『わが九十年の生涯』1958年。
(8) 矢島浩『明治期日本キリスト教社会事業施設史研究』、pp.386～390、1982年。

# 第6章　杉田直樹の「治療教育」観の変遷について

## 第1節　はじめに

　わが国における知的障害児教育福祉の展開過程をふりかえると、戦前に関しては医学領域特に精神医学領域からの一定の影響をみることができる。たとえば、榊保三郎の『異常児ノ病理及教育法』(1909年)をはじめ、富士川游・三宅鉱一・呉秀三の『教育病理学』(1910年)、三田谷啓の『治療教育学』(1932年)といった代表的な関係文献があげられる。これらの医学研究者のひとりに杉田直樹(1887年～1949年)が含まれるのである。

　ところで、戦前にわが国にあった知的障害児施設は、これまでの北沢清司の研究によると通園型も含めると22施設あったと指摘されこれが定説となっている。このうち、杉田は名古屋にあった「八事少年寮」を創設したことでも知られる。もちろん、その研究業績についてはかなりを数えることができ、先述した榊、富士川・呉、三田谷らの代表的な関係文献に匹敵するものとして、『低能児及不良児の医学的考察』(1923年)、『異常児童の病理』(1924年)、『治療教育学』(1935年)、『社会病理学(一)』(1936年)といった杉田の文献をあげることができる。

　以上の文献や論文の研究からは、東京帝国大学と名古屋帝国大学での精神医学界での貢献を知ることとともに、治療教育学を提唱していった杉田の医学観の特徴を読み取ることができる。

　筆者は、これまで「わが国における治療教育学説史の動向―杉田直樹の資料文献の整理を通して―」と題して、杉田の論文を次のように3つの研究領域にまたがるとして、それらの出典をまとめたことがある。(社会事業史学会『社会事業史研究』、第19号、1991年)

① 社会福祉学雑誌関係論文
『児童研究』、『社会事業研究』、『少年保護』の所収論文15編

② 医学雑誌関係論文

『医学中央雑誌』、『東京医事新報』、『関西医事』、『臨床医学』、『実験医報』、『日本医学及健康保険』、『治療及処方』、『医学と生物学』、『精神神経学雑誌』、『日本臨床』、『名古屋医学界雑誌』の所収論文15編

③ 教育学雑誌関係論文

『日本教育』、『教育研究』、『教育論叢』、『教育問題研究』、『学校衛生』、『日本学校衛生』の所収論文14編

　そこで、本章においては、これらの論文の中から、戦前における杉田の医学観、治療教育観の変遷を考察する目的から、1914年から1944年に執筆された論文のうち、その目的を明確できるという点で評価に値する論文を選択して、それぞれの論文の概要を指摘する。次に、杉田の医学観、治療教育観についての論及をしていくことになるが、本章では今日的な障害児の教育と福祉に照らし合わせた場合、杉田の治療教育観がどのような意義をもっていたのかを抽出することをねらいとしている。まさしく、先駆的遺産が今日の実際に果たした役割を明確化しようとする点にある。

　杉田は、医師でありながら、障害児の福祉施設である八事少年寮を創設して、そこでは、教育の内容を求めていた。まさしく、医療・福祉・教育の一体となった思想へと深化していったプロセスをみることができる。その一体となった、各分野をつなぐ思想の明確化にも関心はあるものの、まずは、杉田が戦前に執筆した主要論文をつぶさに調査することで今日の障害児への対応との接点について論究したい。

## 第2節　杉田の代表的な論文の概要

　戦前の1914年から1944年にかけて執筆された論文を対象にするとき、次の2つに大きく時期区分して把握することができると私案として提起したい。
【第1期】
1914年から1935年までに相当する。
　文部省外国留学生としてアメリカへ留学して、東京帝国大学病院などや研究所で大脳皮質の発育に関して、比較神経学ならびに生物測定学的研究を進めた時期。

【第2期】
1936年から1944年までに相当する。
　名古屋医科大学付属病院内の児童治療教育相談所の設置、精神薄弱児施設の八事少年寮の創設において、精神薄弱児と生活をともにして研究と実践の両面を進めた時期。

　以上のように、1936年を転換期として時期区分したのは、杉田研究室にいたその門弟にあたる岸本鎌一が杉田の研究業績を、①脳髄の形態的研究、②精神分裂病病因研究、③小児精神病学と3つに区分した上で、「米国から帰られた当時既にその胚芽を現しているが、晩年特に力を入れられ、自ら八事少年寮を経営されて親しく子供達と起居を共にされた」頃に小児精神病学研究を本格的に診療室外での日常生活全体から子どもを観察するようになったという理由からである。
　ここでは、(1)から(20)というように番号をつけて、まずは執筆年順に次に各々の概要を整理してみる。

【第1期】

(1) 論文「独逸ニオケル感化事業ノ発達」(1916年)

1913年のドイツ留学の成果を表しているが、ドイツの感化保護事業を①精神病院（治療的）、②白痴院或ハ低能者院（慈善的）、③補助学校又ハ補助学級（教育）と3つの場に区分しつつ、特に、特別保護院を紹介している。その機能は補助教育ヲ施ス中ニ病院設備ヲモ併セ設クルニ至レリとされ、従来、宗教家や教育家が経営にあたってきたが、近来ニ至リ次第ニ精神病学医ノ協力スル所トナリとその変化に注目している。

(2) 論文「性格異常ノ子供ニ対スル処置」(1922年)

性格の異常や知力の異常を幼い時から認められる場合は、親御ヤ教員デ軽クトラズ、家庭医、校医、又ハ専門医ト早ク相談シテ充分ニ其ノ原因ヲ確メテ貰ヒ、不治ノ疾病ニ陥ラナイ様ニ予防ノ道ヲ講ジとしている。

(3) 論文「異常児童発生ノ精神病学的考察」(1925年)

異常児童を「知力発育劣等ナモノ」（低能児）と「性格ノ異常ヲ有スルモノ」（性格異常児）に大別している。前者については、大脳皮質即ち知能作用に関与する中枢部の発育不全を、後者については、大脳皮質細胞を連絡する連合繊維の発育不良をその原因としている。前者への対応として社会的隔離を行うことも考慮する必要性を説き、犯罪者に陥らないような環境を与えることを投げかけている。

(4) 論文「精神異常児の鑑別に就いて」(1928年)

主として学習能力が不良な児童を、①一時的学習不良、②持続的学習不良に分けて、低能は②の範疇に入れている。特に、低能の原因について、大脳皮質の発育に求める先天的と幼少の脳膜炎、脳炎、頭部外傷等に求める後天的に区分している。予後に関しては、白痴と高度の痴愚は日常生活において他人からの援助を必要とする者、軽度の痴愚と魯鈍は職業的指導を必要とする者としている。わが国においては、各々の程度に応じて分類入所する、教育病理学的処置を講じる機関が完成していな

い現状、大都市に異常児鑑別所が設置されるべきという課題を提起している。

(5) 論文「精神病者の断種実施に就いて」（1928年）

アメリカにおける断種手術の変遷、断種法の実施、断種実施の学問的根拠を中心に紹介している。低能者の中で後見人がない場合は、断種すべきであるという断種法実施に関しての意見を述べている。

(6) 論文「学校教育と精神衛生」（1932年）

小中学校においては、劣等児や性格異常児の数が多いことから、学校生活から離れる家庭生活の精神衛生学指導を考慮する必要があるとしている。専門医学上の知識や設備を普及させなければならないと指摘している。

【第2期】

(7) 論文「性格異常による犯罪少年の処置に就いて」（1936年）

犯罪行為に陥る者のひとつのタイプに精神薄弱者（低能者）をあげているが、名古屋少年審判所の医務嘱託をする中から、知能には欠陥のない犯罪少年が7～8割占めるとして、犯罪の原因を境遇の不良と心的素質の欠陥の両方面から理解することを主張している。

(8) 論文「社会病理学の角度」（1937年）

精神薄弱者を入所すべき大規模な保安的並びに療病的の機能を有する施設の設置を説いている。この背景には、国家的経費の安さや社会的危険性の軽減といった諸点がみられる。特に、入所後の厳密な鑑別を促すこと、精神病学、治療教育学、社会病理学、犯罪心理学の学問が社会事業の当事者に注目される必要があるとしている。

(9) 論文「社会事業の欠点」（1937年）

異常児童及び病的児童の教化や治療をする保護施設の設置が実現していないことを述べて、さらに、自ら創設した八事少年寮において知能の

低劣が認められる9歳の衝動性性格異常の子どもを預からざるをえなくなった事情にふれている。

(10) 論文「児童精神学を興せ」(1938年)

幼少年期の特性からして、新しい学問領域の児童精神病学を樹立していく必要性を提唱している。その学問では、児童の精神作用、その異常、その治療、教育の一切の問題解決を包含するものとされる。また、児童期の知能、気質、性格行動上のいろいろな現象は成人とは異なった中枢神経系の発達の段階にある特殊の条件の下にあるものなので、その障害や発育不全を除き、治療、教護、習得を図ることを目的とする。

(11) 論文「保護事業を進歩せしむる一要素」(1938年)

八事少年寮に入所した盗癖の児童への指導・援助について述べ、その効果から保護事業に医学的特に精神病学的成果を取り入れる必要があるとしている。

(12) 論文「少年不良化の原因と医学的治療の効果について」(1939年)

少年犯罪の原因を4つに分類し、そのひとつに種々の異常に依り外界環境との協調が性格的に困難な為に犯罪に陥るものとして、精神薄弱者(低能者)をあげている。それと八事少年寮における治療教育の4つの方針を紹介している。

(13) 論文「異常児童と医療に就いて(家庭教育の精神衛生的意義)」(1939年)

名古屋少年審判所や愛知県社会課から精神神経病的異常児童数十名の保護教護の委託を八事少年寮が受け、その中に精神薄弱者(低能者)が多かったことがあげられている。八事少年寮が対象とした50余名における児童各々の障害の種類、医療費に関する一覧が出ている。

(14) 論文「犯罪少年治療教育の実際」(1939年)

八事少年寮に入所している後天性精神薄弱児の変容をあげ、治療教育的予後の有望にして良好なるもの、医療と特殊教育の仕様ひとつで何か

の特質を引き出す事の出来る可能性を有するものだから、特殊の治療教育所が医学者、特殊教育者、社会事業家の協力によって創設されなければならないとしている。

(15) 論文「保護少年の精神薄弱について」(1939年)

八事少年寮の設立目的、同施設での保護少年児童の大多数が精神薄弱児であること、わが国の少年保護事業の欠点は、一定年齢に達したならば改善の成績如何にかかわらず、保護を打ち切って再び社会に戻されるところにあると指摘している。

(16) 論文「少年犯罪と精神医学的対策」(1940年)

少年犯罪者には社会から遠ざける対策がとられていることに対して、個々の個性や環境に立ち入って合理的な治療教育の方策を講じることをしていないと問題提起している。社会適応性を与えることを目的に、精神医学的治療法から根本の反社会的の性格気質傾向を治療することに少年犯罪対策があるとしている。

(17) 論文「少年保護事業の実績」(1941年)

保護事業の第一の根本必要として、被保護者の特質を鑑別し、これに適応する教育法、生活法を考えることをあげている。特に、教育の本義は、本人の潜在的にもっている心身の特質を認め、これをひっぱり出し伸展するというところにあるとしている。先天的は除いて、人には取り得がある以上、早くから特異性を検出して適合するような環境、職業、社会生活を与えることに保護事業の実績があると述べている。

(18) 論文「精神薄弱(低能)の診断に就いて」(1942年)

知能障害のみに基く分類(白痴、痴愚、魯鈍)は心理学的あるいは教育学的の診断としては足るかもしれないが、精神医学的診断としては物足りないとしている。医学的診療の上に、家庭や環境事情が精神発達に影響があるのか否かを参考にし、脳髄の発育停止の部位、範囲とともに総合して分類的診断名をくだすようにしなければならないと論じてい

る。目下の診断では、程度の査定にとどまっており、将来の教育の可能性、発育の予後まで診断する査定法になっていないと課題提起している。

(19) 論文「精神薄弱一般論」(1943年)

第41回日本精神神経学会総会（1942年3月）の宿題報告要旨である。①精神薄弱の定義、②精神発育と身体発育、③精神薄弱と社会適応性、④精神薄弱者の発現率について述べている。①については、白痴（知能年齢6歳に達せず）、痴愚（知能年齢6歳以降12歳位）、魯鈍（成人後も知能年齢は14歳までの程度）、劣等児と精神薄弱を分類する杉田私案を提起している。②については、原因による分類法がより合理的であるという見解に立って、内因性精神薄弱と外因性精神薄弱に分けている。前者は遺伝的原因から、後者は後天的原因からの区別である。③については、知能が社会生活適応性の全部ではないとして、知能査定の結果のみから、その者の社会生活適応性を判定することは不適であるとしている。1940年7月から1941年12月に実施した名古屋少年審判所での調査結果から、少年犯罪の40.8％は知能正常なる者と導いている。④については、菅修、鈴木治太郎、岸本鎌一、松永義雄の指摘をふまえて、杉田の考えとして、普通知能者50〜60％、平均より秀ずる者25％、平均より幾分劣れる者10％、精神薄弱1〜3％としている。なお、名古屋医科大学の児童治療教育相談所における1936年から1938年にかけての相談件数444人中、精神薄弱は152人、約34％であったことを報告している。

(20) 論文「精神病及び精神薄弱の問題」(1944年)

東京市教育局による東京市立小学校在籍児童中に占める精神薄弱児と劣等児は、14,989人で2.159％であると算出している。精神薄弱児教育施設（私立）と国民学校内の特別養護学級の在籍児童数からの実数からして、これらの数がかなり不足しているという問題を投げかけている。

## 第3節　杉田の「治療教育」観の変遷

　以上のように、第1期と第2期に分けて杉田の代表的な研究論文を概観してきたが、その中で次のような特質を明らかにすることができる。

### (1)「治療教育」の意義について
　まず、「治療教育」の目的に関してである。その対象となる児童は、第1期と第2期に主張されているように、異常児童を対象に考えられている点である。ただ第1期は低能児と性格異常児に大別しているのに対して、第2期は保護少年の範疇のひとつとして精神薄弱児を取り上げていくようになる。つまり、少年犯罪との関係性より知的障害を問題にするようになっていったと理解できるのである。
　そして、こうした児童に対して健常児への一般的教育方法では、その効果が期待できないという点から、医学的所見を採用した方法を樹立していくことが第2期になると力説されるようになってくる。
　ここで注意しておきたいのは、杉田の場合は「教育病理学」という学問の領域ではなく、「治療教育学」として強く主張される点である。このことは、杉田は異常児童の原因論を問題視するものの、それだけに終始せずに後述するように、分類論や方法論をも含めて扱う学問の領域と考えていたため、「治療教育学」は「教育病理学」を含んだより包括的な領域をカバーする学問として位置づいていたと考えられる。
　なお、第1期でみたように、また岸本が指摘したように、1913年のドイツ、オーストリア、フランスへの留学、1915年のアメリカへの留学で見聞した知的障害児への治療教育のアプローチがその後の杉田の「治療教育」観の萌芽であり、礎を築いたと評価できる。

## (2) 杉田の「治療教育」の内容について

「治療教育学」の対象は、一般の教育における効果を期待できないと思われる異常児童であって、目的となるのは、こうした異常児童に応じた方法の樹立にあるといえよう。

杉田の「治療教育」観では、第１期の (3) (4) の論文にみられるように、異常児童に対して鑑別して、分類することがまず論じられている。終局的には第２期の (19) の論文にあるように、精神薄弱を細分化して考えるように変化していく。ただし、異常児童と称しても大脳の中枢神経系に異常があると考えられる児童を指しており、このことは第１期も第２期も変わらない杉田のベースとなる見解である。

なお、精神薄弱という用語を頻繁に用いるようになるのは第２期であって、それまでの低能という表現から大きく変化している点は見落とすことができないと指摘できよう。

さらに、症候については、異常児童と健常児との比較が前提となっていて、それぞれの異常児童の個別的特徴や類型が心理学的、教育学的な見地からだけではなく、精神医学的見地もふまえて問題とするようになってくる。このことは、第２期の(18)の論文に端的に言及されている。

これまでの事柄は、杉田の「治療教育」観の「分類・症候論」としてそのひとつを構成するものとして考察できるのである。

次に、このような異常児童の発生をめぐる因果関係の究明がアプローチされることになる。

これは、先天的原因と後天的原因との関連で知的障害をとらえようとしている点が両時期にまたがって主張されるものの、第２期になると、たとえば (7) (12) の論文に指摘されるように環境との関係をクローズアップさせている点に変化がみられるのではなかろうか。

さらに、こうした関係をめぐって、種々の方面における学問、それは (8) の論文にあるように精神病学、治療教育学、社会病理学、犯罪心理

学の連携が求められることになると理解できるのである。
　先の「分類・症候論」に加味して、杉田の「治療教育」観のふたつ目を構成するものとして「病理論」が考察できるのである。
　このようにして「分類・症候論」と「病理論」の知見の上に「方法論」が構成されると杉田の「治療教育」観が特徴づけられる。すなわち、「方法論」では、診断方法の確立、治療教育方法の創造にあたり、これらを実際に適用し、子どもの効果に直結する試みがなされていく。1936年の児童治療教育相談所の設置と1937年の八事少年寮の創設はまさにこれに相当する。第2期において、「方法論」がかなりのスペースをさいて特筆されているのも、杉田の「治療教育」観の発展を物語っている。
　「分類・症候論」「病理論」「方法論」の互いの成り立ちによって、治療教育の初期の目的達成に努力しているわけであるが、知的障害児のもつ障害の特性からして、精神医学的対応のみでは不十分であって、この不十分さを補う方法が採り入れられることになる。
　ここでは、大脳の中枢神経系に異常があるとされるものの、診断と病理は明らかにされても、先天的原因の場合は、その精神構造をある程度以上には変革できないことがままあるゆえ、(16)(17)の論文に指摘されるように、知的障害児を取り巻く環境を整備したり、職業とか社会生活という客観的条件を変更したりすることによって、社会適応性を高めようとすることが最善の方策として考慮されるようになってくる。また、その社会的対応のひとつとして(20)の論文で、障害に応じた場となる精神薄弱児教育施設（私立）と特別養護学級の増設を急務とする見解が出されてくるのである。
　さらに、第2期での杉田の「治療教育」観には、少年犯罪との緊密な関係の中で論じられてくるのも、「治療教育学」がいろいろな社会問題への問題解決方法に寄与する学問としてとらえられているからである。
　なお、(17)の論文にあるように、治療教育においては精神薄弱児の

特性に応じた教育法が必要とされる。これは、健常児への一般的教育方法と相通じる方法も中にはあろうが、治療教育の課題は通常の教育のそれよりも、より困難であって、根底的である点に特徴をもつことにも言及している点に杉田の特質を見出すことができる。換言すれば、普遍性と特殊性を持ち合わせた「治療教育」方法なのであった。

### (3) わが国への治療教育学の導入の中で

　筆者らは、かつて治療教育学という用語は、ドイツ語の Heilpädagogik の訳として用いられてきたことばであり、わが国では、おそらくは明治40年前後から用いられてきたと思われると指摘したことがある。その論拠は、テオドル・ヘラーの治療教育学を紹介した榊保三郎の『異常児ノ病理及教育法』が刊行されたのが1909年だからであった。

　杉田の「治療教育学」の体系は1923年～1924年に冒頭にあげた2つの文献が、1935年～1936年にあげたもう2つの文献がある。

　それは、第1期と第2期の時期区分での各々の研究成果でもあると評価することができる。

　それはそれとして、本章に示したように文献以外の論文をつぶさに調査してくると、諸外国に学ぶ姿勢を大いにもっていたことも知ることができる。それは論文「独逸ニオケル感化事業ノ発達」(1916年)、論文「北米合衆国ニオケル精神病者ノ統計ト最近ノ調査報告」(1918年) 等である。

　まさしく杉田自身の留学経験から、欧米の先駆的な事業を見聞し、わが国に紹介していた経緯が読み取れるのである。わが国への導入にかなりの影響を与えたと評価できよう。治療教育学説史研究からすると、杉田の業績はその端緒に位置づけられるものの、数少ない精神医学者からの紹介という点で、きわめて先導的な役割を果たしていたと評価できる。

## 第4節　戦前の杉田の業績が今日に投げかけている諸点
　―今日の障害児への対応との接点―

　第一に、杉田の提唱した「治療教育学」は、精神薄弱児に対してその学習能力の低劣を来たした原因を医学的検査によって鑑別して、一方にその合理的な治療または発育促進を図るとともに、また他方にその欠陥の特質に応じて各々の特殊な教授的実際方法の技術を考案し、その児童の学習効果を向上せしめる如き応用の方面を攻究する学問であると『治療教育学』の中で論じている。ここには、学問としてこの領域を構築しようとした学者肌の一面をみることができる。
　第二に、ただ、杉田の場合は、学問というフィールドでの追求に終わるのではなく、第2期の事業にあるように、八事少年寮という知的障害児施設で子どもと起居をともにし、日常生活での行動観察を通して、治療教育上の種々の必要となる指導・援助を案出していっている。この姿勢には、子どもの生活をトータルにみることの重要さがあり、単に診察室での治療では知的障害児のそれには限界があり、生活をベースにして、医療と教育が組み合わされることで発達がより促進されると考えていたものといえよう。医学と教育と福祉の機能を兼ね備えた場を追求したのが八事少年寮であった。今日でいう「療育」の考えがすでに提起・実践されていたといえる。
　第三に、こうした機能を打ちたてようとすることから、今日でいわれるネットワークを考えていたととらえることができる。それは、論文「児童精神学を興せ」に明らかにされているように、医学関係者、家庭、教師、保母、児童少年保護事業関係者、官公吏が研究に参加して資料を提供しなければならないという指摘である。これは、各々の専門職としての専門性の発揮とその補完である。お互いの専門的な指導・援助が円滑にな

されるならば、それだけ知的障害児の発達はいっそう保障されていくことになるという見解にもとづいていたと考えられる。このことは、八事少年寮での実践をもとに、その後の名古屋市における障害児教育、特に障害児学級の創設・進展に大きな影響を及ぼすことに端的にあらわれている。

　第四に、原因論の中で、環境との相互作用を採り入れようとした点である。それは、障害を単に個人に帰属するものとしてとらえるのではなく、環境が一定障害に影響を及ぼすと理解されていたと考えられる。今日、ＩＣＦの国際的な障害理解で認められつつあるように、障害は社会環境によってつくり出される機能状態であること、それゆえに環境要因の整備拡充を図る必要があることを予期するような障害理解が杉田にはあったと考えられる。

## 第5節　おわりに

　杉田の「治療教育」観の変遷を明確化する中で、医療・教育・福祉の分野をつなぐ概念が何であるのかに関心をもつに至った。仮説として、「発達保障」という概念が橋渡しになっているのではないかと考えさせられている。障害のある子どもの発達をより一層促進するためには、医療と教育と福祉がトータルに繋がった機関が必要になってきたと考えられよう。それが、八事少年寮の創設とそこでの実践に結実していったとみることができる。

【注】
(1) 杉田直樹「独逸ニオケル感化事業ノ発達」（『医学中央雑誌』、第13巻第13号、1916年）。
(2) 杉田直樹「性格異常ノ子供ニ対スル処置」（『児童研究』、第25巻第7号、1922年）。
(3) 杉田直樹「異常児童発生ノ精神病学的考察」（『児童研究』、第29巻第3号、1925年）。
(4) 杉田直樹「精神異常児の鑑別に就いて」（『東京医事新報』、第2567号、1928年）。
(5) 杉田直樹「精神病者の断種実施に就いて」（『東京医事新報』、第2602号、1928年）。
(6) 杉田直樹「学校教育と精神衛生」（『関西医事』、第88号、1932年）。
(7) 杉田直樹「性格異常による犯罪少年の処置に就いて」（『児童研究』、第38巻第4号、1936年）。
(8) 杉田直樹「社会病理学の角度」（『社会事業研究』、第25巻第1号、1937年）。
(9) 杉田直樹「社会事業の欠点」（『社会事業研究』、第25巻第11号、1937年）。
(10) 杉田直樹「児童精神学を興せ」（『東京医事新報』、3065号、1938年）。
(11) 杉田直樹「保護事業を進歩せしむる一要素」（『社会事業研究』、第26巻第12号、1938年）。
(12) 杉田直樹「少年不良化の原因と医学的治療の効果について」（『少年保護』、1939年）。
(13) 杉田直樹「異常児童と医療に就いて（家庭教育の精神衛生的意義）」（『東京医事新報』、3117号、1939年）。
(14) 杉田直樹「犯罪少年治療教育の実際」（『少年保護』、1939年）。
(15) 杉田直樹「保護少年の精神薄弱について」（『社会事業研究』、第27巻第9号、1939年）。
(16) 杉田直樹「少年犯罪と精神医学的対策」（『日本医学及健康保険』、3202号、1940年）。
(17) 杉田直樹「少年保護事業の実績」（『社会事業研究』、第29巻第9号、1941年）。
(18) 杉田直樹「精神薄弱（低能）の診断に就いて」（『治療及処方』、第23巻第1号、第263号、1942年）。
(19) 杉田直樹「精神薄弱一般論」（『精神神経学雑誌』、第47巻第1号、1943年）。
(20) 杉田直樹「精神病及び精神薄弱の問題」（『日本臨床』、第2巻第1号、1944年）。
(21) 杉田直樹『低能児及不良児の医学的考察』、中文館書店、1923年。
(22) 杉田直樹『異常児童の病理』、内外書房、1924年。
(23) 杉田直樹『治療教育学』、叢文閣、1935年。
(24) 杉田直樹『社会病理学（一）』、大日本図書、1936年。
(25) 榊保三郎『異常児ノ病理及教育法』、南江堂書店、1909年。
(26) 岸本鎌一「杉田教授の業績について」（『名古屋医学会雑誌』、第63巻第5号、1949年）。
(27) 北沢清司「『精神薄弱者』施設における指導法の検討Ⅰ―わが国の『精神薄弱者』施設の成立と『指導』の展開―」（国立精神衛生研究所『精神衛生研究』、第26号、1979年）。
(28) 田中勝文・小川英彦ら「治療教育学説史の研究(1)―ヨーロッパにおける治療教育

学説―」(愛知教育大学特殊教育教室『特殊教育学論集』、1982年)。
(29) 小川英彦「杉田直樹の『治療教育』の思想(Ⅰ)」(精神薄弱問題史研究会『障害者問題史研究紀要』、第33号、1990年)。
(30) 小川英彦「わが国における治療教育学説史の動向―杉田直樹の資料文献の整理を通して―」(社会事業史学会『社会事業史研究』、第19号、1991年)。

# 第7章　戦前における障害者福祉文献整理（Ⅰ）

## 第1節　はじめに

　本文献目録は、戦前日本における「障害者福祉」に関する論文・資料等を掲載した社会福祉分野における雑誌を整理し、執筆順に並べたものである。

　「わが国戦前の児童研究・精神医学・心理学・教育学・社会福祉学の領域における『精神薄弱』の概念の展開・発展のアウトラインと特質の解明等、不十分ながらも歴史的な検討」〔高橋智「戦後における障害・障害者概念関係文献目録（1）」（日本福祉大学『研究紀要』第81号、pp.283～284、1990年）。傍点—筆者〕が進められてきている。こうした研究動向の中で、本文献整理は1983年以降に筆者と田中勝文（元愛知教育大学教授）も「戦前の『障害者福祉』の歴史的研究」というテーマで研究を行ってきたが、その研究の端緒として実施した作業を1991年に総括・発表したものである。

　ところで、1991年という年はわが国の「障害者福祉」においては、戦前の1891年の精神薄弱児施設である滝乃川学園の開設からちょうど100年目に相当する。戦後になっても45年余りの年月が経過している。しかしながら、「それぞれの時代の障害者問題の動向を伝える定期刊行物については、終刊、廃刊、継承を含む総合目録はまだ作られていないのが現状で」（津曲裕次『障害者教育福祉リハビリテーション目次総覧』第一期別巻、p.3、1990年）、特に戦前という時代になると、「障害者福祉」に関する目録作成という作業の遅れは顕著である。戦前の「障害者福祉」の動向を明確化することは、障害者問題の解決に関わる諸科学（社会福祉学を初め教育学、心理学、精神医学等）や実践を発展させる上で不可欠である。そのためにも必要となる文献・資料の所在の調査を少しでも容易にする作業が求められている。

そこで本文献整理では、戦前に焦点を絞って社会福祉関係雑誌の中から、多くの児童問題領域を所収している教育研究所（後に日本児童研究会、日本児童学会と改称）『児童研究』（1898年創刊、1943年まで刊行）と、戦前の「慈善事業」「社会事業」に関する論述が最も多く掲載されている中央慈善協会『慈善』（1909年創刊）『社会と救済』（1917年創刊、『慈善』より改題）『社会事業』（1921年創刊、『社会と救済』より改題）と、関西方面の諸状況を中心に網羅した救済事業研究会事務局『救済研究』（1913年創刊）『社会事業研究』（1922年創刊、『救済研究』より改題）と、関東方面の諸状況を中心に網羅した東京府慈善協會『東京府慈善協會報』（1917年創刊）『東京府社会事業協會報』（1921年創刊、『東京府慈善協會報』より改題）『社会福利』（1929年創刊、『東京府社会事業協會報』より改題）の主要な雑誌を調査・整理する対象にした。

　選択の基準は、①社会福祉の歴史研究を進めるにあたって今日的意義を評価できるもの、②「障害者福祉」の歴史研究の上で与えた影響から軽視できないと考えられるもの、③その時代の「障害者福祉」の状況を示す重要な歴史的資料・出来事の3点を設定した。また、記載の形式は雑誌名、著作名、論題、巻（号）、発行年月という順序を基本とし、それぞれの所収雑誌の性格を生かすためにその雑誌の項目ごとにまとめた。なお、今回は紙幅の関係から単に「障害者福祉」の経過を述べているもの、外国の「障害者福祉」を直接叙述しているものはかなり割愛した。「障害者教育」の分野は「障害者福祉」との関連性が非常にあるので掲載しておいた。

〔調査対象とした雑誌〕

| 雑誌名、巻 | 刊行されていた年月 |
|---|---|
| 『児童研究』第1巻～第41巻 | 明治31年11月～昭和18年9月 |
| 『慈善』第1編～第8編 | 明治42年7月～大正6年4月 |
| 『社会と救済』第1巻～第4巻 | 大正6年10月～大正10年3月 |
| 『社会事業』第5巻～第25巻 | 大正10年4月～昭和16年12月 |
| 『救済研究』第1巻～第10巻 | 大正2年8月～大正11年7月 |
| 『社会事業研究』第11巻～第31巻 | 大正11年8月～昭和18年12月 |
| 『東京府慈善協会報』第1巻～第2巻 | 大正6年4月～大正9年12月 |
| 『東京府社会事業協会報』第3巻～第12巻 | 大正10年2月～昭和4年10月 |
| 『社会福利』第13巻～第37巻 | 昭和4年11月～昭和12年12月 |

## 第2節　『児童研究』誌上掲載文献

○論説　　　　　　　　　　（明は明治、大は大正、昭は昭和の略である）

| 著作者 | 論題 | 巻号 | 年月 |
|---|---|---|---|
|  | 補助学校設立の必要 | 9・5 | 明39・5 |
| 島村　育人 | 児童智能の等異調査 | 23・3 | 大8・10 |
| 樋口　長市 | 欧米の特殊教育（1）～（6） | 25・6.7.8.9.10.12 | 〃11・2.3.4.5.6.8 |
| 〃 | 〃（7） | 26・1 | 〃11・9 |
| 富士川　游 | 異常児童調査（第1）～（第10） | 26・2.3.4.5.6.7.8 | 〃11・10 11・12 〃12・1.2.3.4 |
| 〃 | 〃（第11）～（第12） | 27・10.11.12 1.2 | 〃12・6.8.9.11 |
| 川本宇之介 | 聴力の障害と教育施設 | 30・3.4 | 〃15.6.7 |
| 渡辺　寛 | 補助学級児童の健康状態に就て | 31・12 | 昭2・4.5 |
| 村松　常雄 | 東京市補助学級児童の智能に就て | 31・4 | 〃2・7 |
| 小林喜四郎 | 再び異常児の性欲に就て | 31・6 | 〃2・9 |
| 川田貞治郎 | 臨床的白痴児の新分類の研究 | 37・1 | 〃8・11 |
| 林　蘇東 | 精神薄弱児・普通児のピアジェ法左右弁別力比較 | 37・4 | 〃9・5 |
| 小川　原亮 | 所謂身体虚弱児童と健康児童との発育比較に就て | 38・5 | 〃11・7 |

| 結城捨次郎 | 肢体不自由児童の教養に就て | 38・7 | 昭11・11 |
| 皇　晃之 | 低能児教育の根拠と限界 | 38・8 | 〃12・1 |
| 小川　原亮 | 六年前の虚弱児童 | 38・12 | 〃12・9 |
| 川本宇之介 | 聾の遺伝に就て | 39・6.7 | 〃13・9.11 |
| 久保寺保久 | 特異児童の芸能的教養 | 40・4 | 〃15　5 |
| 小川　三郎 | 精神神経的異常児の研究 | 41・2 | 〃17　1 |

○研　究

| 永井　潜 | 奇形児に就て | 2・7 | 明33・3 |
| 樋口かね子 | 遅鈍児教授の経験につきて | 5・1 | 〃35・3 |
| 富士川　游 | 教育治療学 | 9・4 | 〃39・4 |
| 岩内　誠一 | 劣等児童に就きての調査 | 10・1.<br>2.3 | 〃40・1<br>2.3 |

○雑　録

| 下田　次郎 | 学齢児童の盲唖数 | 1・6 | 〃32・4 |
| | 一種の奇形児 | 3・3 | 〃33・9 |
| | 角ある奇形児 | 3・6 | 〃33・12 |
| | 奇形の分娩 | 4・1 | 〃34・5 |
| | 異食症の白痴 | 4・3 | 〃34・7 |
| | 従来の盲人を治す法 | 5・8 | 〃35・10 |
| | 特異の児童 | 6・4.5<br>6.7.9<br>10.11 | 〃36・4.5.<br>6.7.9<br>10.11 |
| | ルードヴイヒ,ストリュンペル氏 | 6・8 | 〃36・8 |
| | 生来の盲人視覚を得たる実例 | 6・9 | 〃36・9 |
| | 珍らしい奇形児 | 8・2 | 〃38・2 |
| | 備後蘆品郡の特殊教育実施 | 9・2 | 〃39・2 |
| | 英国に於ける精神異常者の増加 | 14・2 | 〃43・8 |
| | 東京市にける特殊学校後援会 | 14・3 | 〃43・9 |
| | 東京盲学校開校式 | 14・5 | 〃43・11 |
| | 天才と痴愚 | 14・11 | 〃44・5 |
| | 教育病理講習 | 14・12 | 〃44・6 |
| | 特殊教育調査会 | 15・4 | 〃44・11 |

|  |  |  |  |
|---|---|---|---|
|  | 大阪市低能児童調査 | 15・6 | 明45・1 |
|  | 新潟市低能児童調査 | 15・6 | 〃45・1 |
|  | 広島県に於ける低能児童数 | 15・6 | 〃45・1 |
|  | 盲唖学校調査 | 15・6 | 〃45・1 |
|  | 呉市の低能児 | 15・7 | 〃45・2 |
|  | 新潟県の異常児童及其取扱 | 15・8 | 〃45・3 |
|  | 群馬県低能児童数 | 15・8 | 〃45・3 |
|  | 聾唖万国会議の概況 | 15・8.9 | 〃45・3.4 |
|  | 東京盲唖学校生徒の眼検査 | 15・9 | 〃45・4 |
|  | 岡山県低能児童教育 | 15・9 | 〃45・4 |
|  | 低能児教育調査 | 15・9 | 〃45・4 |
|  | 学齢児童の盲唖者 | 15・10 | 〃45・5 |
|  | 特殊児童の教育 | 15・11 | 〃45・6 |
|  | 聾者学校 | 17・1 | 大2・8 |
|  | 特殊児童の毛筆製造 | 17・2 | 〃2・9 |
|  | 東京盲学校生徒歯牙の検査 | 17・3 | 〃2・10 |
|  | 鳥取県に於ける幼稚園と盲唖学校 | 17・4 | 〃2・11 |
|  | 難聴児童の特別級 | 17・5 | 〃2・12 |
|  | 紐育市の低能児数 | 17・11 | 〃3・6 |
|  | 盲唖教育検査 | 17・12 | 〃3・7 |
|  | 短肢奇形児 | 24・2 | 〃9・10 |
|  | 東京府の補助学校設立 | 24・3 | 〃9・11 |
| 三田谷　啓 | 能力低劣の少年 | 31・10 | 昭3・1 |
| 畑野　慶治 | 土人教育・異常児 | 31・11 | 〃3・2 |
| ジー・エー・アウゼン<br>加藤文子訳 | 精神薄弱の範囲 | 32・10.11 | 〃4・1.2 |
| 佐藤　正 | 虚弱児童養護としての夏季聚落事業に就て | 34・3 | 〃5・6 |
| カー・ベル<br>月田　寛訳 | 補助学校に於ける意志教育 | 34・11 | 〃6・2 |
|  | 補助学級児童の身体的方面の考察 | 35・3 | 〃6・6 |
|  | 異常児童問題 | 36・5 | 〃8・1 |
|  | 精神欠陥者の保護 | 38・2 | 〃11・1 |
|  | 弱視児童に関する調査 | 38・3 | 〃11・3 |
|  | 東京市立小学校に於ける運動機能障害児童の調査 | 38・4 | 〃11・5 |

## 第7章 戦前における障害者福祉文献整理（I）

○紹　介

| | | | |
|---|---|---|---|
| 中島与三郎<br>高島平三郎 | ストリュンペル氏著「教育的病理学」 | 3・7 | 明34・1 |
| | テルクハルド氏著「児童の欠陥」 | 3・7 | 〃34・1 |
| | 鈍児の病気類別表並に体格上の所見 | 4・5 | 〃34・9 |
| | 盲人の心理 | 6・2 | 〃36・2 |
| | スピットル氏著教育的病理学 | 6・4 | 〃36・4 |
| | 石井亮一氏白痴児 | 7・5 | 〃37・5 |
| | ヘルレル氏著治療的教育綱要 | 7・10 | 〃37・10 |

○叢　談

| | | | |
|---|---|---|---|
| 富士川　游 | 児童身体及精神状態検査記録 | 12・2.3<br>4.6 | 明41・8.<br>9.10.12 |
| バイエルタール | 学齢児童低格発生の原因及び其予防に就きて | 14・1.2 | 〃43・7.8 |
| 三田谷　啓 | 精神的能力の遺伝 | 16・3 | 大1・10 |
| ウエー・ムルトフェルト | 学童の精神的欠陥を確定する試験法 | 16・3 | 〃1・10 |
| 原口つる子 | 精神薄弱児童の心理学的研究 | 16・4 | 〃1・11 |
| 三田谷　啓 | 奇人ヘレン・ケラ | 16・5 | 〃1・12 |
| 倉橋　惣三 | 虚弱児童夏季保養所に就て | 16・11 | 〃2・6 |
| 森田　正馬 | 低能児の教育に就て | 18・1.2.<br>3.4.5<br>6.7.8.9 | 〃3・8.9.<br>10.11<br>12 |
| 三田谷　啓 | 学齢児童智力検査法に就て | 18・10 | 〃4・5 |
| 田村亀太郎 | 小学校の優等生及び劣等生と共生れし時の父の年齢との関係 | 18・10 | 〃4・5 |
| 三輪田元道 | 優等児と劣等児 | 19・12 | 〃5・7 |
| | 東京市養育院安房分院及び千葉県育児園を視る | 20・1 | 〃5・8 |
| 川田貞治郎 | 米国に於ける精神薄弱児の研究 | 20・2 | 〃5・9 |
| 〃 | 精神薄弱児の注意に就て | 20・7 | 〃6・2 |
| 呉　秀三 | 白痴に就て | 20・11 | 〃6・6 |

| 安部　久次 | 聾唖教育相談 | 21・1 | 大6・8 |
| 大橋 | 低能児童と先天性黴毒との関係 | 21・11 | 〃7・6 |
| 加藤大一郎 | | | |
| マッチンガー | 精神欠陥の予防 | 23・8.10 | 〃9・3.5.7 |
| 小田　俊三 | 児童身体発育基準並に体異質異常種別制定の必要を論ず | 26・1 | 〃11・9 |
| セガン | 白痴教育の道徳的方面に就て | 26・1.2 | 〃11・9.10 |
| 吉田　圭 | | | |
| 川田貞治郎 | 現代社会と低能児教育問題（其1）～（其3） | 26・6.7.9 | 〃12・2.3.5 |
| 江上　秀雄 | 精神異常児童に就いて | 27・1.2.3.7.8 | 〃12・9.11 〃13・4.5 |
| シリル・バート | 不良性と精神欠陥 (1)～(5) | 27・4.5 6.7.10 | 〃13・1.2 3.4.7 |
| 桐原　保見 | | | |
| 金子　準二 | 精神異常児に就いて（雑感） | 27・8 | 〃13・5 |
| アルバート・エッチ・ヒル | 精神薄弱児童に対する教育施設 | 28・10.11 | 〃14・7.8 |
| 小林喜四郎 | 異常児の性欲 | 30・7 | 〃15・10 |

○**雑　報**

| | | |
|---|---|---|
| 不具の手足の遺伝 | 11・1 | 明40・1 |
| 劣等児童取扱法 | 11・2 | 〃40・2 |
| 特殊学校の児童会 | 11・3 | 〃40・3 |
| 異常児童救済法内規 | 11・3 | 〃40・3 |
| 異常児童取扱法規程 | 11・3 | 〃40・3 |
| 全国盲唖教育家大会 | 11・5 | 〃40・5 |
| 低格児童教育法 | 11・5 | 〃40・5 |
| 低格児童教育事業 | 11・5 | 〃40・5 |
| 教育治療学の講習 | 11・6 | 〃40・6 |
| 盲唖学校行啓 | 12・1 | 〃41・7 |
| 特殊教育実験 | 12・1 | 〃41・7 |
| 失明者の調査 | 12・2 | 〃41・8 |
| 精神薄弱児童研究会及治療時報 | 12・2 | 〃41・8 |
| 低格児童の徴候 | 12・3 | 〃41・9 |

| | | |
|---|---|---|
| 盲唖児童の教育 | 12・4 | 明41・10 |
| 大阪府に於ける低格児童の調査 | 12・6 | 〃41・12 |
| 不具者の数 | 12・7 | 〃42・1 |
| 教育治療学及学校衛生の補修講習 | 12・9 | 〃42・3 |
| 東京盲唖学校卒業式 | 12・10 | 〃42・4 |
| 盲唖失官原因 | 12・11 | 〃42・5 |
| デンマーク国の低能児保護概況 | 13・1 | 〃42・7 |
| 紐育州病院の不具児童 | 13・1 | 〃42・7 |
| 唖学校生徒と職業 | 13・1 | 〃42・7 |
| 特殊学校と暑中休暇 | 13・2 | 〃42・8 |
| 白川学園の創立 | 13・2 | 〃42・8 |
| 盲唖卒業生の就職 | 13・3 | 〃42・9 |
| 東京市の特殊教育 | 13・4 | 〃42・10 |
| 特殊小学校後援会の設立 | 13・5 | 〃42・11 |
| 補助学校教員講習会 | 13・7 | 〃43・1 |
| 低能児と耳鼻疾患 | 18・2 | 大3・9 |
| 低能児教育講習会 | 18・5 | 〃3・12 |
| 精神薄弱児学校の「ピアーノ」 | 19・2 | 〃4・9 |
| 難聴者の学校 | 19・4 | 〃4・11 |
| 聾唖幼稚園の設立 | 19・5 | 〃4・12 |
| 日本心育園 | 19・6 | 〃5・1 |
| 大阪桃花塾 | 19・6 | 〃5・1 |
| 日本心育園修養式 | 19・6 | 〃5・1 |
| 特殊児童の研究 | 21・8 | 〃7・3 |
| 聾唖児童の幼稚園 | 23・6 | 〃9・1 |
| 低能児童の保護教育 | 25・3 | 〃10・11 |
| 低能児鑑別法 | 25・5 | 〃11・1 |
| 低能児教育者講習会 | 25・10 | 〃11・6 |
| 優劣児童調査 | 25・11 | 〃11・7 |
| 低能児教育講習 | 25・11 | 〃11・7 |
| 薄弱児童の保護 | 25・12 | 〃11・8 |
| 劣等児教育 | 26・2 | 〃11・10 |
| 独逸教育治療学会の成立 | 26・3 | 〃11・11 |

| | | |
|---|---|---|
| 虚弱児童の特別教育 | 26・4 | 大11・12 |
| お茶の水幼稚園と盲唖児低能児のために開放 | 26・4 | 〃11・12 |
| 不具の人の学校 | 26・11 | 〃12・7 |
| 特殊小学校の児童救済 | 27・2 | 〃12・11 |
| 愛知県の特殊児童保護 | 27・3 | 〃12・12 |
| 特別学級編成の調査 | 27・12 | 〃13・9 |
| 特別学級編成と将来の計画 | 28・2 | 〃13・11 |
| アメリカに於ける異常児童特別学級 | 28・4 | 〃14・1 |
| 精神低格者の処遇 | 30・1 | 〃15・4 |
| 低能児の系統原因調査 | 30・5 | 〃15・8 |
| 聾唖児童にも義務教育 | 30・5 | 〃15・8 |
| 不具児童のための各種の施設 | 30・6 | 〃15・9 |
| 虚弱児童の保護教育 | 30・7 | 〃15・10 |
| 難聴者クラスの開設 | 30・7 | 〃15・10 |
| 虚弱児童の救済方法調査 | 30・9 | 〃15・12 |
| 特殊児童の訓育方針 | 30・9 | 〃15・12 |
| 貧困と虚弱児童調査 | 30・10 | 昭2・1 |
| 低能児の教育調査 | 30・11 | 〃2・2 |
| 東京市の身体虚弱児童 | 30・12 | 〃2・3 |
| 虚弱児童と其の環境調査 | 30・12 | 〃2・3 |
| 盲及び聾唖児の就学義務制度と学資補給 | 30・12 | 〃2・3 |
| 三田谷治療教育院 | 30・12 | 〃2・3 |
| 学校に於て虚弱児に肝油を支給したる成績 | 32・11 | 〃4・2 |
| 盲生の交通安全 | 33・4 | 〃4・7 |
| 低能児教育の振興策を立案 | 33・12 | 〃5・3 |
| 虚弱児童に給食状態 | 34・1 | 〃5・4 |
| 血族結婚の結果部落民の一割は白痴 | 34・3 | 〃5・6 |
| 不具児童のため特殊学校 | 34・4 | 〃5・7 |
| 虚弱児童に高山学校の試み | 35・1 | 〃6・4 |
| 補助学級児童の養護に就て | 35・2 | 〃6・5 |
| 虚弱児童研究研究会開催 | 35・2 | 〃6・5 |
| 聾教育振興会生る | 35・2 | 〃6・5 |
| 精神薄弱児童養護施設に関する方案 | 35・3 | 〃6・6 |

| | | |
|---|---|---|
| 劣等児の個人的指導 | 35・3 | 昭6・6 |
| 虚弱児童養護の夏季施設 | 35・5 | 〃6・8 |
| 虚弱児外気療養学校 | 35・5 | 〃6・8 |
| 虚弱児童療法 | 35・9 | 〃6・12 |
| 低能児の教育 | 35・10 | 〃7・1 |
| 不具児童の光明小学校 | 35・11 | 〃7・2 |
| 精神薄弱者研究会 | 36・3 | 〃7・9 |
| 虚弱児童養護連盟 | 36・3 | 〃7・9 |
| 東星学園「クルッペルハイム」 | 36・3 | 〃7・9 |
| 身心薄弱の児童の教養 | 36・3 | 〃7・9 |
| 精神欠陥者の任意避妊 | 36・3 | 〃7・9 |
| ソヴィエート露国の盲人保護 | 36・4 | 〃7・11 |
| 弱視児童調査 | 36・6 | 〃8・3 |
| 虚弱児童の健康増進 | 36・6 | 〃8・3 |
| 低格者の撲滅 | 36・6 | 〃8・3 |
| 異常児童の生長 | 36・7 | 〃8・5 |
| 治療教育の講習 | 36・8 | 〃8・7 |
| 虚弱児童養護施設講習会 | 36・8 | 〃8・7 |
| 精神薄弱の優生学的意義 | 36・8 | 〃8・7 |
| 精神薄弱の遺伝 | 36・9 | 〃8・9 |
| カルナ学園 | 36・9 | 〃8・9 |
| 精神異常児童調査委員会要項 | 37・5 | 〃9・7 |
| 弱視児童調査建議書 | 37・6 | 〃9・9 |
| 東京市立小学校に於ける運動機能障害児童調査 | 37・6 | 〃9・9 |
| 身体異常児への矯正体操 | 37・7 | 〃9・11 |
| 聾児性行調査 | 37・7 | 〃9・11 |
| 遺伝生物学的低格の児童 | 37・8 | 〃10・1 |
| 虚弱児童早期発見処置 | 37・8 | 〃10・1 |
| 虚弱児童保養所設立 | 37・11 | 〃10・7 |
| 虚弱児童と結核 | 37・11 | 〃10・7 |
| 虚弱児対策健康基本調査 | 38・1 | 〃10・11 |
| 難聴児学級の児童 | 38・2 | 〃11・1 |
| 異常児並に要護児童の早期発見 | 38・3 | 〃11・3 |

| | | | |
|---|---|---|---|
| 東京府立虚弱児童収容所 | 38・4 | 昭11・5 |
| 京都市小学校の虚弱児童 | 38・6 | 〃11・9 |
| 三田谷治療教育院十周年記念事業 | 38・8 | 〃12・1 |
| 「治療教育」創刊 | 38・9 | 〃12・3 |
| 石井亮一氏逝去 | 38・11 | 〃12・7 |
| 精神異常児・身体異常児及び虚弱児の保護対策 | 39・5 | 〃13・7 |
| 精神薄弱児保護座談会 | 39・8 | 〃14・1 |
| 精神薄弱其他の異常児童に対する特殊教育施設 | 39・12 | 〃14・9 |

○評　論

| | | | |
|---|---|---|---|
| 三田谷　啓 | 補助学校設立の急務 | 18・10 | 大4・5 |
| 三宅　鉱一 | 特殊教育に就きて | 19・11 | 〃5・6 |
| | 苛酷なる低能児教育法 | 20・6 | 〃6・1 |
| 森田　形外 | 低能児の親心 | 21・4 | 〃6・11 |
| 三田谷　啓 | 児童の賢愚と身体との関係 | 22・1 | 〃7・8 |
| 三田谷　啓 | 特殊教育機関を盛に興せ | 26・2 | 〃11・10 |

○彙報・教育会彙報・児童学彙報

| | | | |
|---|---|---|---|
| | 特殊学校の手工科 | 6・9 | 明36・9 |
| | 盲啞者教育普及 | 7・4 | 〃37・4 |
| | 盲聾啞生の言語 | 10・8 | 〃40・8 |
| | 低能児童と特別教授 | 10・10 | 〃40・10 |
| 池田　隆徳 | 白痴の感情 | 19・1 | 大4・8 |
| 唐沢　光徳 | 哺乳児期に於ける小児の脳性疾患と白痴及び低能児との関係 | 20・7 | 〃6・2 |
| ゴーヴェイン | 不具児の治療と教育 | 20・10 | 〃6・5 |
| 川田貞治郎 | 精神薄弱児に就きての智力検査 | 21・4 | 〃6・11 |
| シュラップ | 精神の欠陥と内分泌 | 24・2 | 〃9・10 |
| クラウテ | 治療教育院に於ける教育 | 24・3 | 〃9・11 |
| ワルシュ | 精神薄弱者の夢 | 24・4 | 〃9・12 |
| 榊　保三郎 | 身体及脳発育と精神発育との比較並精神発育総括論 | 24・6 | 〃10・2 |
| ゴールトン | 精神薄弱児童の左利 | 24・11 | 〃10・7 |
| 和田　秀一 | 父母の年齢と優良児及劣等児 | 24・11 | 〃10・7 |

第7章　戦前における障害者福祉文献整理（Ⅰ）　111

| マッククリデイ | 異常児童の医学的観察 | 25・2 | 大10・10 |
| 青木誠四郎 | 教授衛生上より見たる精神薄弱児童及成績不良児童 | 25・3 | 〃10・11 |
| 栗原　信一 | 低能児には女が多いか男が多いか | 25・3 | 〃10・11 |
| ビゲロウ | 精神薄弱児童の産業能力 | 25・4 | 〃10・12 |
| 三田谷　啓 | 特殊児童の学校村の施設に就きて | 25・4 | 〃10・12 |
| 樋口　長市 | 異常児の幼稚園 | 25・4 | 〃10・12 |
| 栗原　信一 | 学校と低能児 | 25・5 | 〃11・1 |
| フェルテス | 盲人の記憶 | 25・7 | 〃11・3 |
| ドクローリー | 異常児童の教育 | 25・7 | 〃11・3 |
| 杉田　直樹 | 性格異常の子供に対する処置 | 25・7 | 〃11・3 |
| 岩田　義玄 | 児童の学力を調査して低能児特別教授の必要を感ず | 25・8 | 〃11・4 |
| カスタン | 戦時及び戦後に於ける精神異常児童につきて | 25・9 | 〃11・5 |
| サットン | 異常児童中の特殊児童 | 25・9 | 〃11・5 |
| ウーレーハート | 退学せる精神薄弱児童 | 25・9 | 〃11・5 |

○適　用

| 驚愕は聾啞をひきおこす事あり | 1・6 | 明32・4 |
| 奇形児の原因 | 2・7 | 〃33・3 |
| 聾啞失官の原因 | 2・7 | 〃34・11 |
| 馬鹿が大事か天才が大事か | 4・2 | 〃34・6 |
| 道徳的白痴 | 4・5 | 〃34・9 |
| 言語の欠損 | 4・7 | 〃34・11 |
| 盲人と算数 | 4・10 | 〃35・2 |
| 特殊教育を研究すべし | 9・11 | 〃39・11 |

○研究法・研究法実例

| | 欠損せる精神を有せる児童 | 2・3 | 明32・11 |
| | 劣等なる児童 | 3・4 | 〃33・10 |
| | 教育上困難なる児童 | 5・1 | 〃35・3 |
| 三浦　政丸 | 劣等児童の原因調査 | 10・2 | 〃40・2 |

## ○日本児童研究会

| 石井　亮一 | 痴児に就て（例会） | 12・4 | 明41・10 |
|---|---|---|---|
| 三宅　鉱一 | 児童の言語障礙（総会） | 12・10 | 〃42・4 |
| 榊　保三郎 | 異常児の分類及低能児なる語の意義（総会） | 12・12 | 〃42・6 |
| 三宅　鉱一 | 低格児童の教育法に就て（常会） | 13・7 | 〃43・1 |
| 〃 | 小児の精神病の一例（講話会） | 14・7 | 〃44・1 |
| 〃 | 低能児問題に就きて（例会） | 15・9 | 〃45・4 |
| 石川　貞吉 | 身体虚弱・不具及び精神低格児童の保護（総会） | 15・10 | 〃45・5 |
| 高師佐太郎 | 不良児童の精神及び身体に就て（総会） | 15・10 | 〃45・5 |
| 脇田　良吉 | 低能児の道徳観（総会） | 15・10 | 〃45・6 |
| 杉江　薫 | 痴愚の責任能力に就て（総会） | 15・11 | 〃45・6 |
| 三宅　鉱一 | 低能児に関する二三の事項（総会） | 15・11 | 〃45・6 |
| 高田　慎吾 | 東京市養育院に収容せる特殊児童に就て（総会） | 15・12 | 〃45・7 |

## ○日本児童学会・地方児童学会

| 小林佐源治 | 低能児童教育の効果（総会） | 16・11 | 大2・6 |
|---|---|---|---|
| 笠原　道夫 | 二三の教育病理的事項に就て（総会） | 16・12 | 〃2・7 |
| 森田　正馬 | 低能児の教育に就て（例会） | 17・9 | 〃3・4 |
| 富士川　游 | 児童の身体及び精神（例会） | 17・5 | 〃2・12 |
| 三宅　鉱一 | 精神薄弱児童（例会） | 17・5 | 〃2・12 |
| 脇田　良吉 | 教育学上より見たる児童の分類（総会） | 17・12 | 〃3・7 |
| 三田谷　啓 | 智力検査法に就て（総会） | 18・11 | 〃4・6 |
| 〃 | 補助学校に就て（東京） | 18・7 | 〃4・2 |
| 富士川　游 | 児童の欠陥（大阪） | 18・5 | 〃3・12 |
| 和田　豊種 | 精神病的不良少年（大阪） | 18・11 | 〃4・6 |
| 三田谷　啓 | 精神薄弱児童の鑑識（東北） | 18・11 | 〃4・6 |
| 三宅　鉱一 | 精神異常児童に就て（東北） | 18・11 | 〃4・6 |
| 三輪田元道 | 優等児と劣等児 | 19・11 | 〃5・6 |
| 門脇　真枝 | 小児言語の発育及其障礙 | 19・11 | 〃5・6 |

| 三田谷　啓 | 智力の検査（神戸） | 19・3 | 大 4・10 |
| 富士川　游 | 児童の精神異常（西備） | 19・3 | 〃 4・10 |
| 紫崎　寿松 | 育児院に於ける異常児教育に就て | 20・11 | 〃 6・6 |
| 藤井万喜太 | 教育所に在る白痴児童の二三に就て | 20・11 | 〃 6・6 |
| 三宅　鉱一 | 児童の精神異常 | 20・12 | 〃 6・7 |

## ○原　著

| 三宅　鉱一 | 小児期に於ける精神異常 | 11・1.2 | 明 40・1.2 |
| 池田　隆徳 | 低能児の耳殻 | 11・4 | 〃 40・4 |
| 沢木　伊重 | 伯林小学校に於ける低能児の検査成績 | 12・4 | 〃 41・10 |
| 石井　亮一 | 痴児に就て | 12・9 | 〃 42・3 |
| 池田　隆徳 | 低格児童の智力 | 13・4.5 | 〃 42・10.11 |
| 小峯　茂之 | 特殊児童の身体的症状 | 13・4.6.7 | 〃 42・10.12　〃 43・1.11 |
| 小林佐源治 | 低格児童の教育に就て | 13・8.9 | 〃 43・2.3 |
| 脇田　良吉 | 低能児教育の実験談 | 14・12 | 〃 44・6 |
| 樋口　長市 | 低能児の発音不明症に就て | 16・5 | 大 1・12 |
| 竹鼻　尚友 | 養育院に於ける児童の身心の状態に就て | 18・6 | 〃 4・1 |

## ○新刊・雑誌文籍

| 乙竹　岩造 | 低能児教育法 | 12・1 | 明 41・7 |
| 富士川　游 | | | |
| 呉　秀三 | 教育病理学 | 13・9 | 〃 43・3 |
| 三宅　鉱一 | | | |
| 榊　保三郎 | 教育病理及治療学 | 14・6 | 〃 43・12 |
| | 言語障礙 | 15・3 | 〃 44・10 |
| | 後遅性及精神薄弱性児童 | 15・8 | 〃 45・3 |
| 笠原　道夫 | 異常児教育の理論と実際 | 16・11 | 大 2・6 |
| | 特殊教育 | 19・7 | 〃 5・2 |
| | 教育病理及治療教育学 | 19・8.10 | 〃 5・3.5 |
| | 教育病理学 | 20・2 | 〃 5・9 |

○摘　録

| 樋口　長市 | 低能児教育実験談（教育病理学） | 14・8 | 明44・2 |
| 三宅　鉱一 | 病的魯鈍者に就て（　〃　） | 14・11 | 〃44・5 |
| 蠟瀬　彦蔵 | 異常児の精神試験（　〃　） | 15・3 | 〃44・10 |
| 池田　隆徳 | 白痴の原因（　〃　） | 15・12 | 〃45・7 |
| 浅井　健吉 | 聾啞の療法としての発音法（特殊教育学） | 15・3 | 〃44・10 |
| 田島　真治 | 低能児の情意作用に就て（児童心理学） | 16・9 | 大2・4 |
| 横田　貫次 | 血族結婚と聾啞との関係に就て（教育病理学） | 16・1 | 〃1・8 |
| 田島　真治 | 低能児の言語、挙動、運動、習癖の記載（　〃　） | 16・6 | 〃2・1 |
| 藤原　薫 | 劣等生の衛生的観察（学校衛生） | 17・5 | 〃2・12 |
| 中村　登 | 聴器障礙と教育（　〃　） | 17・10 | 〃3・5 |
| 横田　貫次 | 聾啞の官能的検査及び其療法（特殊教育学） | 18・8 | 〃4・3 |
| 中村　春二 | 落第生の取扱法（教育学） | 18・11 | 〃4・6 |
| 石原　巽 | 虚弱児童の救済（学校衛生学） | 26・2 | 〃11・10 |
| 金本　正二 | 特殊教育と吃音矯正（特殊教育学） | 27・4 | 〃13・1 |
| 青木誠四郎 | 身体的障礙の精神に及ぼす影響（心理学） | 27・1 | 〃12・9 |
| 小河滋次郎 | 低能児の介護（児童保護） | 27・7 | 〃13・4 |
| 樋口　長市 | 特別学級の実際（特殊教育学） | 28・11 | 〃14・8 |
| 青木誠四郎 | 身体的障礙の精神に及ぼす影響（児童心理学） | 28・3 | 〃13・12 |
| 三田谷　啓 | 教育治療院（教育治療学） | 28・5 | 〃14・2 |
| 杉田　直樹 | 異常児童発生の精神病学的考察（異常児童） | 29・3 | 〃14・12 |
| 小島鶴三郎 | 聾啞者調査（教育病理学） | 30・2 | 〃15・5 |
| 本多　英二 今井　誠一 | 精神薄弱児童の身体的考察（教育病理学） | 30・6 | 〃15・9 |
| 今井　良平 | 身体智能薄弱児童検査成績（　〃　） | 30・8 | 〃15・11 |
| 川上登喜二 | 虚弱児童栄養改善の方法（児童保護） | 30・2 | 〃15・5 |
| 豊田　宗作 | 促進学級児童の耳鼻咽喉疾患に就て（学校衛生） | 33・1 | 昭4・4 |

## 第7章　戦前における障害者福祉文献整理（Ｉ）

| 長沼　幸一 | 特殊教育の要諦 | 37・1 | 昭8・11 |
| 草野　春平 | 小学校に於ける弱視児童に就て | 37・6 | 〃 9・9 |
| 加用　信憲 | 東京市立小学校に於ける病弱児童の教と特別施設 | 37・6 | 〃 9・9 |
| 阪本　泉 | 不具児童教育の技術の問題 | 37・9 | 〃 10・3 |
| 樋口　栄 | 白痴、痴愚、魯鈍の原因、分類、症状及び情意方面の適用性 | 37・11 | 〃 10・7 |
| 豊田　文一<br>石黒　寛<br>前田　義雄 | 北陸地方に於ける聾啞児の研究 | 38・1 | 〃 10・11 |
| 川本宇之介 | 難聴児とその教育の意義並に方法 | 38・1 | 〃 10・11 |
| 岩崎　佐一 | 精神薄弱児童の救護徹底策 | 38・2 | 〃 11・1 |
| 豊田　文一<br>石黒　寛<br>前田　義雄 | 北陸地方に於ける聾啞児の家族的関係に就て | 38・3 | 〃 11・3 |
| 下條落苑吉 | 虚弱児童の取扱に就て | 38・4 | 〃 11・5 |
| 長沼　幸一 | 精神薄弱児の行動面にみる膠着性 | 39・2 | 〃 13・1 |
| 歌島　キヨ | 広島市難聴児童に就て | 39・4 | 〃 13・5 |
| 森川　規矩 | 栄養改善が精神異常児の発育に及ぼす影響に就て | 39・9 | 〃 14・3 |
| 長沼　幸一 | 特殊児童と児童研究 | 40・5 | 〃 15・7 |
| 喜田　正春 | 精神薄弱と学校教育 | 40・6 | 〃 15・9 |
| 横山　義顕 | 精神薄弱児童の取扱に就て | 40・9 | 〃 16・3 |
| 加藤普佐次郎 | 発語不能児に訓練的言語教育をなしたる一年間の成果 | 41・4 | 〃 17・5 |
| 山本　翼祐 | 虚弱児童に就て | 41・5 | 〃 17・7 |
| 細野　伝 | 精神薄弱少年の不良行為及び犯罪 | 41・6 | 〃 17・9 |
| 牛島　義友<br>永松　一郎 | 精神薄弱児に於ける作業効果に就て | 41・7 | 〃 17・11 |

○その他

|  | 教育病理学の必要（体育） | 4・8 | 明34・12 |
|  | 青年時代と盲男（青年） | 5・1 | 〃 35・3 |

| | | | |
|---|---|---|---|
| 富士川　游 | 落第生に対する注意（学校のため） | 10・3 | 昭40・3 |
| | 精神上変性の起る原因（思潮） | 10・5 | 〃40・5 |
| | 怜悧と愚鈍（教育心理学） | 10・8 | 〃40・8 |
| 三宅　鉱一 | 幼者の麻痺性痴呆患者の一例（実験） | 15・1 | 〃44・7 |
| ビネー・シモン | 智力測定法（実験） | 17・4 | 大2・11 |
| 呉　秀三 | 精神智力の検査（講義） | 17・1.2.3 | 2・8.9.10 |
| 稲葉　幹一 | 児童の身体と智能との関係（講演） | 21・1 | 〃6・8 |
| 三田谷　啓 | | | |
| 柴崎　寿松 | 育児院に於ける異常児学級（講演） | 21・2 | 〃6・9 |
| ヴェデルリッヒ | 低能児の質問（抄録） | 23・7 | 〃9・2 |
| マッチンガー | 精神欠陥の予防（説林） | 24・1.2 | 〃9・8.10 |
| 三田谷　啓 | 精神病的体質のこどもの教育法（〃） | 24・5 | 〃10・1 |
| 速水　滉 | 劣等感覚の再現に就て（〃） | 24・6 | 〃10・2 |
| リューリー | 異常児童及精神病児童の取扱（学苑） | 24・11 | 〃10・7 |
| 川本宇之介 | 異常児教育と保護施設の発展を要望す（時言） | 41・3 | 昭17・3 |

## 第3節　『慈善』『社会と救済』『社会事業』誌上掲載文献

| 著者名 | 論題 | 雑誌名 | 巻号 | 年月 |
|---|---|---|---|---|
| 田村亀四郎 | 感化生の智能程度 | 慈善 | 2・1 | 明43・7 |
| 渡辺　義海 | 不具児童の精神状態 | 〃 | 2・1 | 〃43・7 |
| 岩田鎌太郎 | 聾啞救済私見 | 〃 | 4・1 | 大1・7 |
| 脇田　良吉 | 低能児教育に就て | 〃 | 4・3 | 〃2・1 |
| 安達　憲忠 | 東京市養育院と発疹窒扶斯 | 〃 | 6・2 | 〃3・10 |
| 町田　則文 | 露国に於ける盲人に対する事業 | 〃 | 6・4 | 〃4・4 |
| 三田谷　啓 | 智力検査法 | 〃 | 7・2 | 〃4・10 |
| 石井　亮一 | 白痴教育に就て | 〃 | 7・4 | 〃5・4 |

| 安達　憲忠 | 収容数と低能者との率に就て | 慈　　善 | 7・4 | 大5・4 |
|---|---|---|---|---|
| 三田谷　啓 | 精神薄弱児と特別教育 | 〃 | 7・4 | 〃 5・4 |
| 岡田治郎作 | 戦後家庭なき癈疾者の救助 | 〃 | 8・1 | 〃 5・7 |
| 富士川　游 | 変性と低能 | 〃 | 8・2 | 〃 5・10 |
| 乙竹　岩造 | 低能児教育 | 社会と救済 | 2・2 | 〃 7・5 |
| 〃 | 〃 | 〃 | 2・3 | 〃 7・6 |
| 〃 | 〃 | 〃 | 2・4 | 〃 7・7 |
| 黒沢　良臣 | 感化院児童の幾何に精神異常を証するか | 〃 | 2・3 | 〃 7・6 |
| 三田谷　啓 | 細民児童の生活状態及び心身発育状態 | 〃 | 2・8 | 〃 7・11 |
| 杉江　薫 | 精神病救済会に就いて | 〃 | 2・9 | 〃 7・12 |
| 田沢秀四郎 | 精神病院設立の急務 | 〃 | 2・11 | 〃 8・2 |
| 斎藤　樹 | 優種論研究 | 〃 | 3・1 | 〃 8・4 |
| 松村　松盛 | 聾唖機関の新しく試みし聾唖工芸製作所 | 〃 | 3・4 | 〃 8・7 |
|  | 米国に於ける社会事業全国大会 | 〃 | 3・6 | 〃 8・9 |
| 黒沢　良臣 | 社会問題としての低能者 | 〃 | 3・12 | 〃 9・3 |
| 田鶴 | ペンシルバニヤ州に於ける児童 | 〃 | 3・12 | 〃 9・3 |
| マーチンガー | 低能児発生の社会的予防 | 社会事業 | 5・2 | 〃 10・5 |
|  | 米国に於ける社会事業全国大会 | 〃 | 5・8 | 〃 10・11 |
| 井上哲次郎 | 優生学の応用と道徳心の養成 | 〃 | 7・3 | 〃 12・6 |
| 脇田　良吉 | 異常児教育の真意義 | 〃 | 7・4 | 〃 12・7 |
| 熊谷直三郎 | 異常児の定義分類並その鑑別（上） | 〃 | 7・5 | 〃 12・8 |
|  | 不良少年少女の「社会診断表」 | 〃 | 7・5 | 〃 12・8 |
| 三田谷　啓 | 教育治療院 | 〃 | 8・10 | 〃 14・1 |
| 梅谷　勝 | 精神病者検査法に就いて | 〃 | 9・3 | 〃 14・6 |
| 三田谷　啓 | 児童保護センターの提唱 | 〃 | 9・8 | 〃 14・11 |
| 社会局監督課 | 不具癈疾者調査 | 〃 | 9・9 | 〃 14・12 |

| 紀本参次郎 | 虚弱児童の保護と結核予防 | 社会事業 | 9・11 | 大15・2 |
| --- | --- | --- | --- | --- |
| 渋沢　栄一 | 児童教育の回顧 | 〃 | 9・12 | 〃15・3 |
| 三宅　鉱一 | 精神異常児の検査に就いて | 〃 | 9・12 | 〃15・3 |
| 青木誠四郎 | 低能児及劣等児の保護教養 | 〃 | 9・12 | 〃15・3 |
| 小尾　範治 | 身体的欠陥児の保護教育に就て | 〃 | 9・12 | 〃15・3 |
| 三田谷　啓 | コドモ愛護宣伝 | 〃 | 11・3 | 昭2・6 |
| 石井・青木・原 | 低能者保護に関する問答 | 〃 | 12・7 | 〃3・10 |
| 青木誠四郎 | 託児所に於ける精神欠陥児の取扱方 | 〃 | 14・1 | 〃5・4 |
| | 社会問題としての精神病 | 〃 | 14・5 | 〃5・8 |
| 石原　忍 | 失明の原因とその予防に就いて | 〃 | 14・7 | 〃5・10 |
| 青木誠四郎 | 低能児の発見とその保護に就いて | 〃 | 14・8 | 〃5・11 |
| 柏倉　松蔵 | 不具児教育の実際に就いて | 〃 | 14・8 | 〃5・11 |
| 佐藤　正 | 虚弱児童の社会的保護に就いて | 〃 | 14・8 | 〃5・11 |
| 川本宇之介 | 盲及び聾児童の保護施設の概要 | 〃 | 14・8 | 〃5・11 |
| 呉　秀三 | 精神衛生の真髄 | 〃 | 14・11 | 〃6・2 |
| 杉田　直樹 | 学校教育と精神衛生 | 〃 | 14・11 | 〃6・2 |
| 児玉　昌 | 白痴・痴愚に対する施設の必要 | 〃 | 14・11 | 〃6・2 |
| 富士川　游 | 異常児保護教育に於ける懲罰問題 | 〃 | 15・7 | 〃6・10 |
| 川本宇之介 | 失明者の保護及職業的特権の確立 | 〃 | 15・7 | 〃6・10 |
| 三宅　鉱一 | 児童の検査について | 〃 | 15・7 | 〃6・10 |
| 佐藤　正 | 黎明期にある虚弱児童養護施設 | 〃 | 15・11 | 〃7・2 |
| 秋葉　馬治 | 海外に於ける盲人保護事業（一）（完） | 〃 〃 | 15・11 15・12 | 〃7・2 〃7・3 |
| 馬淵　曜 | 海外に於ける聾啞保護事業 | 〃 | 15・11 | 〃7・2 |

第7章　戦前における障害者福祉文献整理（Ⅰ）　119

| | | | | |
|---|---|---|---|---|
| 山岡　淑子 | 盲人福祉のために献げたる後半生(亡き夫のことども) | 社会事業 | 15・11 | 昭7・2 |
| 石井　亮一 | 精神低格児と職業指導 | 〃 | 15・12 | 〃 7・3 |
| 須田　貞爾 | 失明防止運動の目標 | 〃 | 16・7 | 〃 7・10 |
| 浜田　修蔵 | 長野県に於ける代表的児童保護施設 | 〃 | 17・1 | 〃 8・4 |
| 杉田　直樹 | 如何にして精神病を予防すべきか | 〃 | 17・2 | 〃 8・5 |
| 江口　清彦 | 失明防止救済施設の現況に就て | 〃 | 17・3 | 〃 8・6 |
| 布川　静淵 | 不遇児童発生の社会的原因 | 〃 | 17・6 | 〃 8・9 |
| 富士川　游 | 異常児童の早期発見 | 〃 | 18・3 | 〃 9・6 |
| 藤本　克己 | 精神異常児の鑑別と保護 | 〃 | 18・3 | 〃 9・6 |
| 暉俊　隆範 | 育児事業と異常児問題 | 〃 | 18・7 | 〃 9・10 |
| 高木　憲次 | 肢体不自由児治療二十年の体得より | 〃 | 18・11 | 〃 10・2 |
| 金子　魁一 | 不具児童発生の原因に関する考察 | 〃 | 18・11 | 〃 10・2 |
| 竹沢さだめ | 日本に於けるクリュッペルに就て | 〃 | 18・11 | 〃 10・2 |
| 川本宇之介 | 身体欠陥児の保護と教育－身体欠陥児哀心の念願－ | 〃 | 18・11 | 〃 10・2 |
| 結城捨次郎 | 肢体不自由児者の教育に就て | 〃 | 18・11 | 〃 10・2 |
| 阪本　　泉 | 不具児童の心に就て | 〃 | 18・11 | 〃 10・2 |
| 久保寺保久 | 異常児保護の精神的要素と技術的要素 | 〃 | 19・10 | 〃 11・1 |
| 樋渡　静男 | 精神異常児保護に於ける技術的問題 | 〃 | 19・10 | 〃 11・1 |
| 池末　茂樹 | 東京市の精神薄弱児学級と批判 | 〃 | 19・12 | 〃 11・3 |
| 小島　幸治 | 児童病者老癈者失業者に対する英国社会立法と救貧法との関係（一）（二）（三）（四）（五・完） | 〃 | 20・1 | 〃 11・4 |
| 大久保利武 | ヘレン・ケラー女史を迎ふ | 〃 | 21・1 | 〃 12・4 |
| 岩崎　武夫 | 人及び事業家としてのヘレソ・ケラー博士 | 〃 | 21・1 | 〃 12・4 |

| 川本宇之介 | 欧米に於ける聾盲人の教育並に福祉施設 | 社会事業 | 21・1 | 昭12・4 |
| --- | --- | --- | --- | --- |
| 川田貞治郎 | 身心発育不完全児童教育の実際 | 〃 | 21・1 | 〃 12・4 |
| 林　蘇東 | 身心欠陥児問題の実際的考察 | 〃 | 21・1 | 〃 12・4 |
| 鎌田　栄八 | 聾唖者の犯罪に就いて | 〃 | 21・1 | 〃 12・4 |
| 朝原　梅一 | 盲聾唖者の職業問題 | 〃 | 21・1 | 〃 12・4 |
| 〃 | 石井亮一翁略伝 | 〃 | 21・4 | 〃 12・7 |
| 相田　良雄 | 謹みて石井先生を痛惜す | 〃 | 21・4 | 〃 12・7 |
| 城戸幡太郎 | 石井亮一先生を偲ぶ | 〃 | 21・4 | 〃 12・7 |
| 武田　真量 | 石井先生を偲ぶ | 〃 | 21・4 | 〃 12・7 |
| 青木誠四郎 | 石井先生を悼む | 〃 | 21・4 | 〃 12・7 |
| 岩崎　佐一 | 噫々石井亮一先生 | 〃 | 21・4 | 〃 12・7 |
| 藤本　克己 | 亡き伯父の想い出 | 〃 | 21・4 | 〃 12・7 |
| 大久保満彦 | 不遇児童とその社会環境 | 〃 | 22・4 | 〃 13・7 |
| 川本宇之介 | 児童の健康及び保護に関する白堊館会議機構の概要 | 〃 | 23・7 | 〃 14・10 |
| 森長英三郎 | 断種法と社会事業 | 〃 | 24・2 | 〃 15・2 |
| 水芦紀陸郎 | アメリカに於ける全国社会事業大会に於て | 〃 | 24・2 | 〃 15・2 |
| 天連　忠雄 | デモクラシーの子供達－第4回白堊館児童会議概要－「異常児」を読んで | 〃 | 24・6 | 〃 15・6 |
| 三木　安正 | | 〃 | 24・8 | 〃 15・8 |
| 頼　順生 | アメリカ全国社会事業大会に就て | 〃 | 24・12 | 〃 15・12 |

## 第4節　『救済研究』『社会事業研究』誌上掲載文献

(1)『救済研究』(第1巻)～『社会事業研究』(第14巻)

○口　絵

| 著　者　名 | 論　題 | 雑　誌　名 | 巻　号 | 年　　月 |
| --- | --- | --- | --- | --- |
| | 朝鮮総督府済生会養育部及び盲唖部の写真 | 救済研究 | 2・7 | 大3・7 |
| | 大阪訓盲院 | 〃 | 3・11 | 〃 4・11 |

| | 九條盲人保護協会 | 救済研究 | 3・11 | 大4・11 |
|---|---|---|---|---|
| | 北盲人保護協会 | 〃 | 3・11 | 〃 4・11 |
| | 市立大阪盲啞学校 | 〃 | 3・11 | 〃 4・11 |
| | 仏国ピネル氏の肖像と精神病者を解放せる図 | 〃 | 5・3 | 〃 6・3 |
| | 特異児童の研究 | 社会事業研究 | 14・2 | 〃 15・2 |

○講 演

| 乙竹 岩造 | 特殊教育問題 | 救済研究 | 1・4 | 大2・11 |
|---|---|---|---|---|
| 脇田 良吉 | 低能児教育の実験 | 〃 | 1・4 | 〃 2・11 |
| 和田 豊種 | 精神病者の取扱に就て | 〃 | 2・4 | 〃 3・4 |
| 〃 | 低能児及奇形児に就て | 〃 | 3・2 | 〃 4・2 |
| | 低能児に対する注意 | 〃 | 3・11 | 〃 4・11 |
| 日黒文十郎 | 盲啞教育に就て | 〃 | 3・11 | 〃 4・11 |
| 和田 豊種 | 精神病者の取扱問題(上)(下) | 〃 | 5・3 | 〃 6・3 |
| 岩崎 佐一 | 白痴児教育に就て(一)(二)(三) | 〃 | 6・3.4.6 | 〃 7・3.4.6 |
| 中村京太郎 | 英国に於ける盲人の状態・(続) | 社会事業研究 | 12・2.3 | 〃 13・2.3 |
| 益富 政助 | 不具者再教育問題に就て | 〃 | 12・10 | 〃 13・10 |

○論 説

| 小河滋次郎 | 不具児の保護に就て | 救済研究 | 1・4 | 大2・11 |
|---|---|---|---|---|
| 三田谷 啓 | 何故に特殊教育の急務を絶叫するかドクトル | 〃 | 4・1 | 〃 5・1 |
| | | 〃 | 5・2 | 〃 6・2 |
| 小河滋次郎 | 精神病者を如何にすべきや | | | |
| 益富 政助 | 不具者再教育問題に就て | 社会事業研究 | 12・9 | 〃 13・9 |

○研 究

| 岩崎 佐一 | 低能児教育に就て | 救済研究 | 1・5 | 大2・12 |
|---|---|---|---|---|
| 武田慎治郎 | 最近百人に於ける特異児童のの研究 | 〃 | 6・2 | 〃 7・2 |
| 上村 行彰 | 大阪府下に於ける盲人 | 〃 | 9・1 | 〃 10・1 |

## ○雑　録

| 小橋実之助 | 通信　マ州白痴院参観記 | 救済研究 | 5・2 | 大6・2 |
|---|---|---|---|---|
| 三田谷　啓 | 教育治療院 | 社会事業研究 | 13・1 | 〃14・1 |
| ミス・ウインター | 英国に於ける盲人救護事業 | 〃 | 14・8 | 〃15・8 |
| 三田谷　啓 | 精神薄弱児童の保護に就て | 〃 | 14・12 | 〃15・12 |

## ○彙　報

| 保護児及び病弱児の夏期転地療養 | 救済研究 | 1・1 | 大2・8 |
|---|---|---|---|
| 盲人慰安会 | 〃 | 1・3 | 〃2・10 |
| 全国盲啞教育大会 | 〃 | 1・4 | 〃2・11 |
| 盲啞生身長の特長 | 〃 | 1・4 | 〃2・11 |
| 盲人保護法可決 | 〃 | 2・3 | 〃3・3 |
| 低能児と耳鼻疾患 | 〃 | 2・8 | 〃3・8 |
| 盲人保護協会の解散 | 〃 | 4・8 | 〃5・8 |
| 全国盲啞教育大会 | 〃 | 5・6 | 〃6・6 |
| 大阪市民館盲人保護倶楽部発会式 | 〃 | 9・6 | 〃10・6 |
| 全国盲人文化大会 | 〃 | 10・1 | 〃11・1 |

## ○内外時報・内外彙報

| 私立大阪訓盲院の運動会 | 社会事業研究 | 10・8 | 大11・8 |
|---|---|---|---|
| 東盲人保護協会修業証書授与式 | 〃 | 10・12 | 〃11・12 |
| 盲人の安全紐 | 〃 | 11・3 | 〃12・3 |
| 盲学校聾啞学校令公布 | 〃 | 11・9 | 〃12・10 |
| 大阪訓盲院第十回卒業式 | 〃 | 12・4 | 〃13・4 |
| 天王寺盲学校の新築竣成 | 〃 | 12・9 | 〃12・9 |
|  |  | 13・9 | 〃13・4 |
| 全国盲人大会 | 〃 | 12・11 | 〃13・11 |
| 米国に於ける精神薄弱者 | 〃 | 14・1 | 〃15・1 |
| 大阪教育治療院の現況 | 〃 | 14・2 | 〃15・2 |
| 大阪盲人会の定期総会 | 〃 | 14・6 | 〃15・6 |
| 盲人保護策 | 〃 | 14・7 | 〃15・7 |
| 盲啞教育の施設 | 〃 | 14・11 | 〃15・11 |
| 東盲人保護協会修業証書授与式 | 〃 | 14・12 | 〃15・12 |
| 大阪盲青年会の創立 | 〃 | 14・12 | 〃15・12 |

○その他

| | | | | |
|---|---|---|---|---|
| 富士川 游 | 独乙ライプチッヒ市に於ける不具児の保護 | 救済研究 | 1・4 | 大2・11 |
| 〃 | 児童の欠陥 | 〃 | 2・11 | 〃3・11 |
| 〃 | 児童の性格異常及び其処置 | 〃 | 2・5 | 〃3・5 |
| 和田 豊種 | 精神病的不良少年 | 〃 | 3・6 | 〃4・6 |
| | 九條盲人保護協会 | 〃 | 3・11 | 〃4・11 |
| | 精神病者の取扱 | 〃 | 4・12 | 〃5・12 |
| | マホメット教に於ける盲人教育 | 〃 | 6・3 | 〃7・3 |
| | 盲人に対する新職業 | 〃 | 6・3 | 〃7・3 |
| | 盲人救済絵書展覧会 | 〃 | 6・3 | 〃7・3 |
| | 低能児試験の応用 | 〃 | 6・3 | 〃7・3 |

(2)『社会事業研究』(第15巻)～『社会事業研究』(第31巻)

| | | | | |
|---|---|---|---|---|
| 脇田 政孝 | 性格異常者の医学的考察 | 社会事業研究 | 15・5 | 昭2・5 |
| 小関 光尚 | 異常児童発生の特殊なる一原因 | 〃 | 15・9 | 〃2・9 |
| 川本宇之介 | 失明原因と失明防止の諸方策 | 〃 | 16・3.4.8 | 〃3・3.4.8 |
| 千賀 春吉 | 異常児童の反芻症 | 〃 | 16・7 | 〃3・7 |
| 岩橋 武夫 | 英国に於ける盲社会立法 | 〃 | 17・2.3.4.6.7.9.12 | 〃4・2.3.4.6.7.9.12 |
| 高橋 清一 | 低能児教育に就て心理学的一考察 | 〃 | 18・12 | 〃5・12 |
| 宮島茂次郎 | 盲人の職業問題と高等教育 | 〃 | 19・7 | 〃6・7 |
| 葛野 教聞 | 老齢不具廃疾者の院生活考 | 〃 | 19・10 | 〃6・10 |
| 藤井紀久子 | 聾唖教育私見 | 〃 | 19・12 | 〃6・12 |
| 松岡真太郎 | 精神薄弱者の本質とその教育 (一)(二) | 〃 | 21・10 11 | 〃8・10 11 |
| 内片 孫一 | 精神異常者と社会事業 | 〃 | 21・11 | 〃8・11 |
| 岩橋 武夫 | 愛盲事業としてのライト・ハウス | 〃 | 22・5 | 〃9・5 |

| | | | | |
|---|---|---|---|---|
| 前川　誠一 | 精神薄弱児の医療保護に就て（上）（下） | 社会事業研究 | 22・6.7 | 昭9・6.7 |
| 長尾　順敬 | 低能児の原因とその教育 | 〃 | 22・10 | 〃9・10 |
| 岩橋　武夫 | 生計調査から見た盲人 | 〃 | 22・10 | 〃9・10 |
| 阪本　　泉 | 不具者の教育及び救済 | 〃 | 23・3 | 〃10・3 |
| 朝原　梅一 | 虚弱児童保護の運動 | 〃 | 23・4 | 〃10・4 |
| 高木　憲次 | クリュッペルハイムの話 | 〃 | 23・4 | 〃10・4 |
| 西野　陸夫 | クリュッペル救護事業の本質に就いて | 〃 | 23・4 | 〃10・4 |
| 葛岡　　敏 | 少年鑑別機関と精神薄弱児の処置に就て | 〃 | 23・9 | 〃10・9 |
| 岩橋　武夫 | ライト・ハウスの誕生と盲人保護事業 | 〃 | 23・10 | 〃10・10 |
| 島村　保積 | 所謂低能児の救済 | 〃 | 23・10 | 〃10・10 |
| W・H・マザー | 近代文化とライト・ハウス事業 | 〃 | 24・5 | 〃11・5 |
| 大久保直穆 | 虚弱児童の保護と夏期聚落 | 〃 | 24・7 | 〃11・7 |
| 暉峻　隆範 | 虚弱児の養護 | 〃 | 24・7 | 〃11・7 |
| 百田長次郎 | 虚弱児童の養護と夏期施設 | 〃 | 24・7 | 〃11・7 |
| 城戸幡太郎 | 特殊児童保護事業に就て | 〃 | 25・1 | 〃12・1 |
| 阿部　利雄 | 大阪府に於ける盲人職業の展望 | 〃 | 25・3 | 〃12・3 |
| 岩橋　武夫 | 人及び事業家としてのヘレン・ケラー博士 | 〃 | 25・4 | 〃12・4 |
| 矢内　正一 | 精神病対策管見 | 〃 | 25・4 | 〃12・4 |
| 阿部　利雄 | 盲人の生活調査報告 | 〃 | 25・9 | 〃12・9 |
| 藤井東洋男 | 聾啞団体の研究 | 〃 | 25・9.10 | 〃12・9.10 |
| 中村　文平 | 弱視学校・近視の予防 | 〃 | 25・11 | 〃12・11 |
| 藤井東洋男 | 盲啞院創業 | 〃 | 26・5 | 〃13・5 |
| 本庄　　実 | 盲人の職業問題附教育問題 | 〃 | 26・7 | 〃13・7 |
| 内田　守人 | 癩盲人の生活と其の文芸作品 | 〃 | 26・8 | 〃13・8 |
| 高木　憲次 | 傷痍軍人とクリュッペルハイム | 〃 | 26・10 | 〃13・10 |
| 岩橋　武夫 | 失明軍人とその社会対策 | 〃 | 26・10 | 〃13・10 |

| | | | | |
|---|---|---|---|---|
| 中村　三徳 | 盲人福祉事業に就て | 社会事業研究 | 27・5 | 昭14・5 |
| 城戸幡太郎 | 精神薄弱児に対する教育法規並びに保護法規の制定について | 〃 | 27・8 | 〃 14・8 |
| 岩崎　佐一 | 異常児教育の上より見たる性善説 | 〃 | 27・8 | 〃 14・8 |
| 杉田　直樹 | 保護少年の精神薄弱について | 〃 | 27・9 | 〃 14・9 |
| 三田谷　啓 | 青年期に在る精神薄弱者の保護策 | 〃 | 28・5 | 〃 15・5 |
| 式場隆三郎 | 文化と精神病 | 〃 | 28・6 | 〃 15・6 |
| 豊島　舜吉 | 山の学舎は招く―大阪市立聾啞学校香里川島園道場のぞき― | 〃 | 28・7 | 〃 15・7 |
| 高田義一郎 | 低能者の教育機関 | 〃 | 28・12 | 〃 15・12 |
| 田村　肇 | 異常児に対する特殊教育 | 〃 | 29・3 | 〃 16・3 |
| 川上爲次郎 | 精神病と歯の関係 | 〃 | 29・5 | 〃 16・5 |
| 高田義一郎 | 低能児出生の一理由 | 〃 | 29・8 | 〃 16・8 |
| 山戸をり江 | 異常児の話 | 〃 | 29・11 | 〃 16・11 |
| 野村　章恒 | 精神病者の救護事業 | 〃 | 29・11 | 〃 16・11 |
| 脇田　悦三 | 「神さまとは」精神薄弱児の回答 | 〃 | 29・11 | 〃 16・11 |
| 由井　光良 | 正常と異常体質 | 〃 | 30・4 | 〃 17・4 |
| 丸山　良二 | 不良児の生命 | 〃 | 30　6 | 〃 17・6 |
| 吉岡修一郎 | 不良児の智能と適職 | 〃 | 31・2 | 〃 18・2 |
| 丸山　良二 | 傷痍者　欠陥者の生活指導 | 〃 | 31・11 | 〃 18・11 |

○彙　報

| | | | |
|---|---|---|---|
| 治療教育院の創立 | 社会事業研究 | 15・3 | 昭2・3 |
| 工場鉱山に於ける身体障害の扶助規程 | 〃 | 15・5 | 〃 2・5 |
| 盲児の義務教育制度の建設 | 〃 | 15・7 | 〃 2・7 |
| 巡回盲学会修了証書授与式 | 〃 | 15・12 | 〃 2・12 |

## ○社会事業彙報

| | | | |
|---|---|---|---|
| 大阪盲人会の敬老会 | 社会事業研究 | 16・12 | 昭3・12 |
| 全国盲人大会決議 | 〃 | 16・1 | 昭3・1 |
| 不遇児童の監護事業と特別保護法の制定 | 〃 | 18・7 | 〃5・7 |
| 我国最初の精神薄弱児童養護施設講習会 | 〃 | 19・3 | 〃6・3 |
| 全国特殊教育連合会設置計画 | 〃 | 19・4 | 〃6・4 |
| 桃花塾の移転計画 | 〃 | 19・9 | 〃6・9 |

## ○時報（連盟記事・雑報）

| | | | |
|---|---|---|---|
| ヘレン・ケラー女史日程 | 社会事業研究 | 25・4 | 〃12・4 |
| ケラー女史歓迎盲人大会 | 〃 | 25・5 | 〃12・5 |
| ケラー女史滞阪中の行事 | 〃 | 25・5 | 〃12・5 |
| 大阪聾啞福祉協会発会式 | 〃 | 25・5 | 〃12・5 |
| 聾啞福祉協会後援婦人会 | 〃 | 25・8 | 〃12・8 |
| 盲人教育を去った宮島氏 | 〃 | 25・8 | 〃12・8 |
| 盲人のための海軍デー | 〃 | 26・2 | 〃13・2 |

## ○大阪厚生情報

| | | | |
|---|---|---|---|
| 盲啞者の慈父五代翁の追善無言劇 | 社会事業研究 | 26・6 | 昭13・6 |
| 聾啞生徒に授産所を | 〃 | 26・7 | 〃13・7 |
| ライト・ハウス内に母子健康相談所 | 〃 | 26・7 | 〃13・7 |
| 心身悩みの児童に〝厚生学園〟 | 〃 | 26・8 | 〃13・8 |
| 盲人学生夏期講習会 | 〃 | 26・8 | 〃13・8 |
| 盲聾啞の人々に贈る諸福祉 | 〃 | 26・10 | 〃13・10 |
| 盲人のための厚生講習会 | 〃 | 27・1 | 〃14・1 |
| 精神薄弱児童養護展覧会 | 〃 | 27・2 | 〃14・2 |
| 第三回盲人更生講習会 | 〃 | 27・4 | 〃14・4 |
| 全国聾啞者大会 | 〃 | 27・9 | 〃14・9 |
| 市立聾啞学校郊外道場地鎮祭 | 〃 | 27・10 | 〃14・10 |
| 香里の聾啞道場嬉しい結実 | 〃 | 28・6 | 〃15・6 |
| 堺聾啞講習所竣工 | 〃 | 28・6 | 〃15・6 |

## ○その他

| | | | |
|---|---|---|---|
| 特殊児童の教養相談開始 | 社会事業研究 | 16・1 | 昭3・1 |
| 盲人保護問題につき研究会 | 〃 | 22・4 | 〃9・4 |
| 全国盲人按摩の生計調査 | 〃 | 22・5 | 〃9・5 |

## 第5節 『東京府慈善協会報』『東京府社会事業協会報』『社会福利』誌上掲載文献

| 著者名 | 論題 | 巻号 | 年月 |
|---|---|---|---|
| 林　蘇東 | 精神的欠陥が反社会性行為に及ぼす影響（承前） | 1・2.3.4.6 | 昭4・2.3.4.6 |
| 石井　亮一 | 児童2,638名審査の跡を顧みて | 14・2 | 〃5・2 |
| 林　蘇東 | 反社会性精神薄弱児の問題 | 14・2 | 〃5・2 |
|  | 町村に於ける社会事業の現況 | 15・6 | 〃5・6 |
|  | 共同募金運動批判 | 16・10 | 〃5・10 |
| 三田谷　啓 | 治療教育について | 18・5 | 〃6・5 |
| 林　蘇東 | 異常児保護教育事業 | 25・10 | 〃8・10 |
| 岩野喜久代 | 裏町の灯（短歌）伊豆大島藤倉学園にて詠める | 32・3 | 〃11・3 |
| 林　蘇東 | 異常児童並要護児の早期発見具体案 | 33・5 | 〃11・5 |
| 朝原　梅一 | 石井亮一先生を偲ぶ | 36・7 | 〃12・7 |

○研　究

| | | | |
|---|---|---|---|
| 石井　亮一 | 白痴低能児の処遇に就て（二） | 2・8 | 大8・9 |
| 〃 | 〃　　　　　　（三） | 2・9 | 〃9・4 |
| 川田貞治郎 | 個性に就て | 2・11 | 〃9・12 |

○講　演

| | | | |
|---|---|---|---|
| 山岡　熊治 | 盲人の保護に就て | 2・9 | 大9・4 |

○説　苑

| | | | |
|---|---|---|---|
| 林　蘇東 | 心理学上より観たる魯鈍保童 | 3・14 | 大10・6 |
| 川田貞治郎 | ヴァインランド精神薄弱児の研究所 | 3・15 | 〃10・9 |

○雑　纂

| | | | |
|---|---|---|---|
| | 東京市養育院井之頭学校夏期修学旅行 | 3・16 | 大10・11 |
| | 藤倉学園の退職慰労規定 | 4・17 | 〃11・1 |

○口　絵

| 白耳義廃人学校 | 6・25 | 大13・12 |
|---|---|---|

○彙報・資料

| 盲人分科会 | 5・21 | 大12・3 |
|---|---|---|
| 不具児童のために光明小学校開校 | 21・5 | 昭7・5 |
| 虚弱児童養護連盟の創立 | 21・1 | 〃7・7 |
| 滝ノ川学園長石井氏に終身年金贈与さる | 21・8 | 〃7・8 |
| 第二回盲人保護事業会議 | 26・2 | 〃9・2 |
| 低能に関する座談会 | 28・10 | 〃9・10 |
| 盲・聾・啞の聖女ヘレン・ケラー博士小伝 | 36・5 | 〃12・5 |

○世界の動き欄

| 世界盲人大会 | 18・5 | 昭6・5 |
|---|---|---|

## 第6節　おわりに

　戦前おいて、多くの「慈善事業」「社会事業」を取り扱った中央慈善協会の設立趣意書には次のように記述されている。「慈善団体の統一整善を期し、団体相互の連絡を図ること」「慈善団体と慈善家との連絡を図ること」とある。
　ここから、今日でいう社会福祉分野を中心にするものの、教育分野や医学分野といった諸団体との連携をしていこうとする考えを読みとることができる。
　連携とは互いの専門性の補完や発揮であると考えられる。

# 第8章　戦前における障害者福祉文献整理（Ⅱ）

## 第1節　はじめに

### (1) 先行関連文献目録の調査

　精神薄弱問題史研究会（『精神薄弱問題史研究紀要』、改題『障害者問題史研究紀要』発行）が、紀要の第1号を創刊したのは1964年である。この中で杉田裕は「精神薄弱についての過去の研究や実践の記録が一部の人や場所に埋れ、あるいはこれらの経験がその当事者の胸の中のみに秘められていることが多い[(1)]」と指摘して、これらを公開し残すことを強調した。

　その後、今日に至るまで少しずつではあるが、文献目録が発表されているものの、第7章でも言及したように津曲裕次が「それぞれの時代の障害者問題の動向を伝える定期刊行物については、終刊、廃刊、継承を含む総合目録はまだ作られていないのが現状[(2)]」と指摘したように、必ずしも史料、資料蒐集といった作業が十分になされているわけではない。

　ちなみに、1960年代以降の先行関連文献目録を整理したのが表8-1である。この表8-1に掲げた文献目録をしてすべてというわけにはいかないと思われるが、かなりは調査して計上を試みた次第である。

　1960年代には9本、1970年代には22本、1980年代には9本、1990年代には5本の文献目録を掲げてみた。

　表8-1にあげた合計45本の文献目録については、大きく次のような分類法があると言及できよう。

①問題別研究：障害別、分野別、方法別、ライフステージ別に整理

②人物史研究：障害児（者）の教育と福祉において先駆的役割を果たした人物が残した業績を整理

③雑誌別研究：教育学、心理学、医学、社会福祉学関係の雑誌に所収されている文献を整理

④文庫研究：研究機関、学校、施設等に保存されている文献を整理

　これらの研究からは、「障害者問題史」を単に過去の文献の所在を明らかにするのに終始するのではなく、今日の障害者問題にたちかえって、その問題となっている障害、分野、方法、ライフステージと過去の時代史をクロスさせて考察していく必要があることを提起できよう。この点を「障害者問題史」研究の方法論として本章では指摘しておきたい。吉田久一がかつて社会事業史料論の中で、「社会事業史研究者は実証を積み重ねながら、その結果が社会科学と関係することを信じて研究を進めるわけである。したがって史料的実証や史料論を欠くことができない[3]」と主張された実証的研究も重視したい。

### (2) 本文献整理作成の意義・ねらい

　表8-1の先行関係文献目録を逐一検討をすると、いくつかの課題があると考えられる。

　第一に、時期についてである。とりわけ第二次世界大戦をはさんでの時期となると、資料（史料）の蒐集といった基礎作業が滞っていることが言及できる。すなわち、「戦前と戦後の連続性と非連続性の解明[4]」がなかなか進展していないといった状況なのである。

　第二に、学問領域についてである。「障害者問題」をめぐっては、単にある学問領域からのアプローチだけでは解決しえない場合があって、社会福祉学、教育学、心理学、医学などの諸科学が互いに連携をもって総合的に問題解決に寄与しなければならないと指摘できる。第1点目に指摘したことと併せて考えるなら、戦前から戦後を通じて「障害者問題」

表8-1　1960年代以降の障害者問題史文献目録

(筆者作成)

| 年　代 | 執筆年 | 著者名 | 著書・論文名 | 誌号・巻号／発行所／頁 |
|---|---|---|---|---|
| 1960年代 | 1960年 | 菅　修 | 精神薄弱児に関する文献目録 | 児童精神医学とその近接領域, 1(2), pp.232～245 |
| | 1961年 | 菅　修 | 精神薄弱児に関する文献目録（追加1） | 児童精神医学とその近接領域, 2(3), pp.276～290 |
| | 1964年 | 清水　寛 | 日本精神薄弱関係文献目録　戦前・その(一) | 精神薄弱問題史研究紀要, 1, pp.55～63 |
| | 1965年 | 清水　寛 | 日本精神薄弱関係文献目録　戦前・その(二) | 精神薄弱問題史研究紀要, 2, pp.54～61 |
| | 1965年 | 清水　寛 | 日本精神薄弱関係文献目録　戦前・その(三)－地方教育雑誌からその(一)－ | 精神薄弱問題史研究紀要, 3, pp.68～74 |
| | 1965年 | 矢野　隆夫 | 脇田良吉及び岩崎佐一の著書目録－白川学園文庫・桃花塾文庫紹介－ | 精神薄弱問題史研究紀要, 3, pp.75～76 |
| | 1966年 | 清水　寛 | 日本精神薄弱関係文献目録と解説　戦前・その(四)－地方教育雑誌からその(二)－ | 精神薄弱問題史研究紀要, 4, pp.54～66 |
| | 1967年 | 清水　寛 | 日本精神薄弱関係文献目録と解説　戦前・その(五)－地方教育雑誌からその(三)－ | 精神薄弱問題史研究紀要, 5, pp.75～87 |
| | 1969年 | 中野　善達、山口　洋史、清水　寛、戸崎　敬子、永嶋　利明 | 障害児教育主要文献目録 | 教育学研究, 36(1), pp.75～109 |
| 1970年代 | 1970年 | 斉藤　義夫、山口　薫、大井　清吉 | 東京学芸大学山口文庫目録（その1） | 精神薄弱問題史研究紀要, 8, pp.79～99 |
| | 1971年 | 碓井　隆次、柴田　善守、守屋　茂 | 近代日本社会事業史文献目録 | 日本生命済生会 |
| | 1972年 | 山口　薫、斉藤　義夫、大井　清吉 | 東京学芸大学山口文庫目録（その2） | 精神薄弱問題史研究紀要, 10, pp.36～50 |
| | 1972年 | 紀要編集委員会 | 杉田裕著書目録（その1） | 精神薄弱問題史研究紀要, 11, pp.46～49 |
| | 1972年 | 津曲　裕次 | 「精神薄弱問題」史関係文献資料目録(1) | 精神薄弱問題史研究紀要, 12, pp.63～67 |
| | 1973年 | 津曲　裕次 | 「精神薄弱問題」史関係文献資料目録(2)(3) | 精神薄弱問題史研究紀要, 13, pp.52～55, 14, pp.50～53 |
| | 1974年 | 津曲　裕次 | 「精神薄弱問題」史関係文献資料目録(4)(5) | 精神薄弱問題史研究紀要, 15, pp.83～86, 16, pp.31～33 |
| | 1975年 | 宇都　栄子 | 施設史文献目録 | 社会事業史研究, 2, pp.131～136 |
| | 1975年 | 津曲　裕次 | 「精神薄弱問題」史関係文献資料目録(6)(7)(T～Z) | 精神薄弱問題史研究紀要, 17, pp.31～33, 18, pp.58～60 |
| | 1975年 | 吉田　久一 | 社会事業史の方法と研究史－現代を中心に－ | 社会事業史研究, 3, pp.5～22 |
| | 1976年 | 津曲　裕次 | 精神薄弱問題史関係文献史料目録(8) | 精神薄弱問題史研究紀要, 19, pp.61～63 |
| | 1977年 | 津曲　裕次 | 精神薄弱問題史関係文献史料目録(9)(10) | 精神薄弱問題史研究紀要, 20, pp.58～62, 21, pp.76～77 |
| | 1977年 | 大泉　溥、村知　稔三 | 障害児保育関係文献目録（案） | 障害者問題研究, 12, pp.78～88 |
| | 1978年 | 津曲　裕次 | 精神薄弱問題史関係文献史料目録(11) | 精神薄弱問題史研究紀要, 22, pp.33～36 |
| | 1978年 | 清水　寛 | 糸賀一雄の著作目録と解説 | 精神薄弱問題史研究紀要, 22, pp.37～44 |
| | 1978年 | 津曲　裕次 | 精神薄弱問題史関係文献－精神薄弱問題史研究紀要創刊号以降の掲載論文を中心に－ | 精神薄弱問題史研究紀要, 23, pp.44～50 |
| | 1978年 | 清水　寛、依田十久子、柴田　昌治、安藤　房治、山田　康彦、馬渡　尚子、津田　敬子、 | 障害者問題史文献目録と解説 | 障害者問題研究, 13, pp.73～90 |

第 8 章　戦前における障害者福祉文献整理（Ⅱ）　133

| | | | | |
|---|---|---|---|---|
| | 1978年 | 遠藤美知子、平田　勝政　伊藤　隆二、田川　元康、木村　賢一 | わが国における心身障害教育文献集成 | 風間書房 |
| | 1979年 | 北沢　清司 | わが国戦前の精神医学・精神衛生関係雑誌における「精神薄弱」問題関係文献目録 | 精神薄弱問題史研究紀要, 24, pp.37〜66 |
| | 1979年 | 清水　寛 | 川田貞治郎関係文献の目録と解説 | 精神薄弱者施設史研究, 1, pp.144〜157 |
| | 1979年 | 内海　淳 | 八幡学園資料目録（戦前） | 精神薄弱者施設史研究, 1, pp.158〜160 |
| | 1979年 | 清水　寛、平田　勝政、津田　敬子 | 障害児教育義務制関係文献目録 | 教育学研究, 46(2), pp.64〜79 |
| 1980年代 | 1980年 | 津曲　裕次 | 精神薄弱問題史概説 | 川島書店 |
| | 1981年 | 北沢　清司 | わが国戦前の精神医学・精神衛生関係雑誌における「精神薄弱」問題関係文献目録（Ⅱ） | 精神薄弱問題史研究紀要, 25, pp.39〜57 |
| | 1981年 | 北沢　清司 | 精神医学関係雑誌を中心とした精神薄弱者施設史関係文献の目録と解説 | 精神薄弱者施設史研究, 2, pp.64〜77 |
| | 1981年 | 山田　明 | 精神薄弱者施設史研究の課題と方法 | 講座社会福祉第2巻,, pp.312〜322有斐閣 |
| | 1982年 | 飯岡　陽子 | 明治期における治療教育学・教育病理学導入に関する一考察　－主要文献にみられる教育病理学・治療教育学（抄）－ | 精神薄弱問題史研究紀要, 26, pp.13〜46 |
| | 1983年 | 加藤　康昭 | 日本における障害者問題史研究の現状と課題　－身体障害者問題を中心に－ | 社会事業史研究, 11, pp.73〜85 |
| | 1984年 | 高橋　智、平田　勝政、荒川　智 | 障害問題史文献目録 | 障害者問題研究, 36, pp.81〜100 |
| | 1987年 | 高橋　智、荒川　智 | 戦後障害者問題史研究の動向と課題 | 障害者問題研究, 49, pp.56〜72 |
| | 1988年 | 障害児教育学研究会　高橋　智、清水　寛、荒川　智、依田十久子、山本　晴彦、渡辺　健治、平田　勝政 | 障害者問題史研究の動向と課題－研究方法論の検討を中心に－ | 障害者問題史研究紀要, 31, pp.3〜25 |
| 1990年代 | 1990年 | 高橋　智 | わが国における「精神薄弱」概念の歴史的研究Ⅲ－戦前の主要な心理学雑誌の分析を中心に－ | 日本福祉大学研究紀要, 81, pp.39〜100 |
| | 1990年 | 平田　勝政 | 戦前日本の「精神薄弱」関係資料目録（Ⅰ）－教育雑誌を中心に－ | 長崎大学教育学部教育科学研究報告, 39, pp.107〜131 |
| | 1991年 | 小川　英彦 | 戦前における「障害者福祉」関係文献目録－主な社会福祉関係雑誌の整理を通して－ | 社会福祉学, 32(1), pp.191〜219 |
| | 1991年 | 小川　英彦 | わが国における治療教育学説史の動向－杉田直樹の資料文献の整理を通して－ | 社会事業史研究, 19, pp.133〜147 |
| | 1998年 | 小川　英彦 | 知的障害児の教育と福祉の先駆者近藤益雄の著作に関する調査－その1：1927年から1949年までを対象に－ | 日本福祉大学福祉研究, 86, pp.61〜70 |

に関する動向を明確にしていくことは、社会福祉学、教育学、心理学、医学などといった問題解決にかかわる諸科学や実践を発展させる上で不可欠なのである。

そこで、本文献整理を取り上げた意義は以下の通りである。

戦前という時期に焦点を絞って、社会福祉関係雑誌の中から「障害者福祉」に関する資料を極力網羅することにした。この作業を通して、社会福祉関係雑誌に所収されている「障害者福祉」関係の資料も多種多様な雑誌の中に散在したままで、その全体像は十分把握されないまま今日に至っているという問題を解決することをねらいとした。なお、近年、関係雑誌の復刻もなされるようになりつつあるので[5]今後は、こうした文献目録作成を通した所在調査はさらに行われる必要があると思われる。

## 第2節 蒐集・整理にあたって

筆者は、かつて主要な社会福祉関係雑誌の蒐集・整理を行い、「障害者福祉」関係文献目録を作成して、日本社会福祉学会『社会福祉学』の学会誌に発表した[6]。(第1報と称することにする。本書第7章に掲載)

そして、本書第8章(第2報と称することにする)は、第1報の継続調査という位置づけで編成したものである。第1報・第2報を併せることによって、かなりの所在が明らかになったのではないかと思われる。第2報においては、日本児童協会『日本児童協会時報』『育児雑誌』、久保良英編『児童研究所紀要』、日本感化教育会『感化教育』、日本感化教育会・日本少年教護協会『児童保護』、京都府社会事業協会『社会時報』『厚生時報』、児童社会学会『児童』『子供の研究』『愛児』、日本少年保護協会・司法保護協会『少年保護』を調査対象とした。第1報・第2報の各関係雑誌の刊行されていた年を一覧にしたのが図8-1である。

選択の基準は[7]、第2報でも第1報と同様に、①社会福祉の歴史研究を進めるにあたって今日的意義を評価できるもの、②「障害者福祉」の歴史研究の上で与えた影響から軽視できないと考えられるもの、③その時代の「障害者福祉」の状況を示す重要な歴史的資料・出来事とみなされるものの3点を設定した。また、記載の形式は著者、論題、巻号、頁、発行年月という順とした。なお、関連性から「障害者教育」の分野は掲載しておいた。

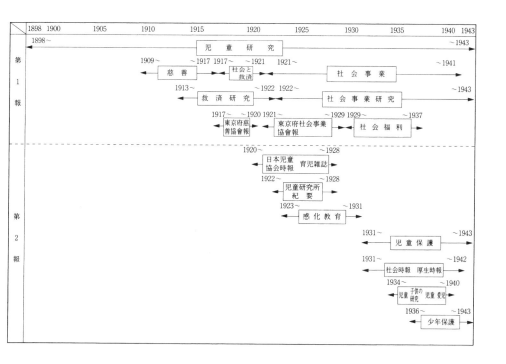

図8-1　調査対象とした社会福祉雑誌（第1報・第2報）

## 第3節 『日本児童協会時報』及び改題『育児雑誌』誌上掲載文献

| 著者 | 論題 | 巻号 | 頁 | 年月 |
|---|---|---|---|---|
| 楢崎淺太郎 | 低能児普通児の生理的心理的特徴の比較 | 1巻5号 | 19－21 | T 9. 5 |
| 青木誠四郎 | 精神薄弱児童の職業に就ての心理学的考察 | 2巻5号 | 8－11 | T 10. 5 |
| 三田谷 啓 | 大都市に設けてほしいこども保護の事業 | 2巻11号 | 10－11 | T 10.11 |
| 久保 良英 | 不良児と教育の欠陥 | 3巻2号 | 5－6 | T 11. 2 |
| ── | 低能にされる子 | 3巻1号 | 19－20 | T 11. 1 |
| 賀川 豊彦 | 不良児を持つ母への忠告 | 3巻3号 | 94 | T 11. 3 |
| 川上為次郎 | 虚弱児童の救済法に就て（一） | 4巻1号 | 9－11 | T 12. 1 |
| 川上為次郎 | 虚弱児童の救済法に就て（二） | 4巻2号 | 9－13 | T 12. 2 |
| 三田谷 啓 | 緊急問題としての児童保護機関 | 4巻6号 | 9－11 | T 12. 6 |
| 三田谷 啓 | 児童相談所設立につきて | 4巻7号 | 9－12 | T 12. 7 |
| 湯澤三千男 | 児童保護の必要 | 4巻4号 | 18－19 | T 12. 4 |
| 杉田 直樹 | 低能児教育は家庭から進んで努力せよ | 4巻6号 | 22－23 | T 12. 6 |
| 呉 秀三 | 遺伝と體質 | 4巻11号 | 22－25 | T 12.11 |
| 生江 孝之 | 劣等児童の教育 | 4巻5号 | 23－24 | T 12. 5 |
| 富士川 游 | 教育と医学 | 4巻8号 | 26－27 | T 12. 8 |
| ── | 特殊児童保護 | 5巻4号 | 1 | T 13. 4 |
| 和田 豊種 | 児童に於ける精神発育制止の原因及び種類（上） | 5巻1号 | 2－6 | T 13. 1 |
| 和田 豊種 | 児童に於ける精神発育制止の原因及び種類（中） | 5巻2号 | 2－7 | T 13. 2 |

## 第4節 『児童研究所紀要』誌上掲載文献

| 著者 | 論題 | 巻号 | 頁 | 年月 |
|---|---|---|---|---|
| 久保 良英 | 小学児童の智能査定の研究 | 第1－第4輯 | 1－64 | T11 |
| 三田谷 啓 | 智能と身體との関係 | 〃 | 121－156 | 〃 |
| 久保 良英 | 改訂せる知能検定法 | | 713－740 | 〃 |
| 久保 良英 | 小学児童に試みたる団体的知能検査法 | 第1－第4輯 | 741－772 | T11 |
| 松尾 長造 | 正常児及び精神薄弱児に於ける練習と其轉移 | 〃 | 943－948 | 〃 |

第8章　戦前における障害者福祉文献整理（Ⅱ）　137

| 城戸幡太郎 | 精神薄弱者と遺傳 | 第1-第4輯 | 993 - 995 | T11 |
| 久保　良英 | 低能児の進歩の割合 | 〃 | 1047 - 1048 | 〃 |
| 久保　良英 | 増訂智能検定法 | 第5-第7輯 | 1 - 50 | T13 |
| 今田　　恵 | 聾啞者の計算能力検査 | 〃 | 461 - 486 | 〃 |
| 久保　良英 | 国民智能検査法 | 〃 | 487 - 532 | 〃 |
| 杉田　直樹 | 低能児に認めらるる身体的変質徴候に就いて | 〃 | 609 - 630 | 〃 |
| 久保　良英 | 児童並に青年に試みたる団体智能検査法 | 〃 | 723 - 815 | 〃 |
| 三宅　鑛一 丸木　　清 | 低格者の智能検査に就て | 〃 | 937 - 982 | 〃 |
| 大熊　泰治 | 低能見学級に行へる智能測定 | 〃 | 983 - 994 | 〃 |
| 杉田　直樹 | 感化院収容児童に関する医学的調査の成績 | 第9輯 | 325 - 362 | T15 |
| 桐原　葆見 | 就学前及び就学時に於ける児童の智能検査 | 第10輯 | 829 - 887 | S 2 |
| 久保　良英 | 一般智能の恒常性に就て | 第11輯 | 57 - 70 | S 3 |
| 久保　良英 | 智能指数の分配 | 〃 | 211 - 216 | 〃 |

## 第5節　『感化教育』誌上掲載文献

| 著　　者 | 論　　題 | 巻　号 | 頁 | 年　月 |
|---|---|---|---|---|
| 菊池　俊諦 | 感化教育に於ける学級問題 | 第1号 | 34 - 46 | T 12.2 |
| 池田　千年 | 教護児の精神状態分類に就いて | 第3号 | 1 - 10 | T 13.5 |
| 久保　良英 | 廣島修養院児童智能検査表 | 第8号 | 1 - 5 | S 2.4 |
| 菊池　俊諦 | 精神薄弱児童の教育並保護 | 第10号 | 1 - 71 | S 2.11 |
| 森　　鏡壽 | 不良児童及少年発生論 | 第12号 | 31 - 59 | S 3.7 |

## 第6節　『児童保護』誌上掲載文献

| 著　　者 | 論　　題 | 巻　号 | 頁 | 年　月 |
|---|---|---|---|---|
| 二村　英巌 | 保護少年の知能と学業成績及び血液型 | 4巻1号 | 10 - 14 | S 9 |
| 西野　陸夫 | 精神薄弱児問題 | 4巻9号 | 20 - 27 | 〃 |
| 西野　陸夫 | クリュッペル児救護問題 | 5巻4号 | 14 - 21 | S10 |
| 岩野喜久代 | 藤倉学園を訪れて | 6巻4号 | 58 - 63 | S11 |
| 菊池　俊諦 | 巻頭言（精神薄弱児保護問題特輯） | 6巻5号 | 1 | 〃 |
| 西野　陸夫 | 精神薄弱児保護論 | 〃 | 2 - 6 | 〃 |
| 青木　延春 | 精神衛生の立場から見た精神薄弱者問題 | 〃 | 7 - 13 | 〃 |

| 著者 | 論題 | 巻　号 | 頁 | 年　月 |
|---|---|---|---|---|
| 青木誠四郎 | 精神薄弱児童の教育 | 6巻5号 | 14 − 16 | S11 |
| 尾上　輝造 | 米国に於ける精神薄弱児保護史の検討（1） | 〃 | 17 − 31 | 〃 |
| 藤本　克巳 | 米国に於ける精神薄弱児教育の現状 | 〃 | 32 − 42 | 〃 |
| 早崎　八洲 | 本邦精神薄弱児保護事業の消長 | 〃 | 43 − 51 | 〃 |
| 岩野喜久代 | カルナ学園を見る | 〃 | 52 − 57 | 〃 |
| 尾上　輝造 | 米国に於ける精神薄弱児保護史の検討（2） | 6巻6号 | 32 − 45 | 〃 |
| 林　　蘇東 | 獨逸に於ける精神薄弱児養護施設 | 〃 | 46 − 58 | 〃 |
| 宮内　矯夫 | 特殊児童教育に対する所感 | 〃 | 59 − 62 | 〃 |
| 尾上　輝造 | 米国に於ける精神薄弱児保護史の検討（完） | 6巻7号 | 33 − 45 | 〃 |
| 古森　隆一 | 異常児童の取扱（1） | 6巻12号 | 39 − 46 | 〃 |
| 池田　千年 | 小学校に於ける特殊児童の教育について（1） | 8巻6号 | 41 − 51 | S13 |

## 第7節　『社会時報』及び改題『厚生時報』誌上掲載文献

| 著　　者 | 論　　題 | 巻　号 | 頁 | 年　月 |
|---|---|---|---|---|
| 豊田　順爾 | 特殊児童の就学に就て | 4巻5号 | 18 − 23 | S 9. 4 |
| 今西　　生 | 盲目者の眼を開いた人 | 4巻6号 | 25 | S 9. 5 |
| 武田慎次郎 | 特殊児童について | 5巻4号 | 13 − 21 | S 10. 3 |
| 小瀬　　生 | 盲人の燈台守 | 6巻6号 | 14 | S 11. 5 |
| 東　音次郎 | 精神薄弱児をどうする | 6巻10号 | 13 | S 11. 9 |

## 第8節　『児童』及び改題『子供の研究』改題『愛児』誌上掲載文献

| 著　　者 | 論　　題 | 巻　号 | 頁 | 年　月 |
|---|---|---|---|---|
| 田代　義徳 | 不具児童の養護 | 1巻3号 | 93 − 97 | S 9. 8 |
| イトウマサヲ | ある劣等児の教育記録 | 1巻6号 | 142 − 148 | S 9. 10 |
| 結城　国安 | 不具児童の精神生活 | 3巻1号 | 2 − 4 | S 10. 7 |
| 竹澤さだめ | 肢体不自由児 | 〃 | 4 − 7 | 〃 |
| 杉田　直樹 | 医学的に観た低能児と不良児 | 4巻1号 | 30 − 67 | S 11. 11 |
| 高田義一郎 | 虚弱児童の問題 | 4巻4号 | 78 − 81 | S 11. 4 |
| 三宅　鑛一 | 精神薄弱児童 | 4巻5号 | 222 − 239 | S 11. 5 |
| 吉田　章信 | 虚弱児童の本質 | 〃 | 240 − 254 | 〃 |
| 石原　　忍 | 近視及弱視児童 | 〃 | 255 − 266 | 〃 |

第8章　戦前における障害者福祉文献整理（Ⅱ）　139

| 岩本岩次郎 | 健康増進学級の経営 | 4巻5号 | 267 − 279 | S 11. 5 |
| 宮内　矯夫 | 特別学級の研究 | 〃 | 280 − 300 | 〃 |
| 尾上圓太郎 | 視力保存と弱視学級 | 〃 | 301 − 311 | 〃 |
| 石崎　　庸 | 難聴児童の取扱ひ | 〃 | 312 − 334 | 〃 |
| 伊藤　雄治 | 養護学級経営の実際 | 〃 | 335 − 347 | 〃 |
| 野津　　謙 | 欧米に於ける特殊児童の取扱 | 〃 | 348 − 358 | 〃 |
| 田代　義徳 | 不具児童の養護と施設 | 〃 | 387 − 391 | 〃 |
| 加用　信憲 | 虚弱児の栄養とは何か | 5巻3号 | 90 − 95 | S 11. 9 |
| 山田　辰雄 | 不具で変屈な子供 | 7巻1号 | 49 − | S 13. 11 |

## 第9節　『少年保護』誌上掲載文献

| 著　　者 | 論　　題 | 巻　号 | 頁 | 年　　月 |
|---|---|---|---|---|
| 杉田　直樹 | 性格異常による犯罪少年の処置に就いて | 1巻2号 | 2 − 7 | S11. 2 |
| 杉田　直樹 | 正常性格と異常性格 | 1巻6号 | 2 − 10 | S11. 6 |
| 岩村　通世 | 低格少年の保護事業に就て | 2巻1号 | 16 − 17 | S12. 1 |
| 丸山　良二 | 問題の子供は何処に居るか | 3巻1号 | 46 − 51 | S13. 1 |
| 丸山　良二 | 子供の不良化はどうして起るか | 3巻2号 | 66 − 73 | S13.2 |
| 丸山　良二 | 子供を正しく躾けるにはどうするか | 3巻5号 | 20 − 25 | S13. 5 |
| 村松　常雄 | 性格の異常は何処から起るか | 3巻7号 | 26 − 31 | S13.7 |
| 村松　常雄 | 遺伝は精神作用に影響するか | 3巻8号 | 30 − 35 | S13.8 |
| 村松　常雄 | 精神病は如何にすれば防げるか | 3巻9号 | 28 − 33 | S13.9 |
| 荒木　善次 | 低能性要保護少女の教化実験談 | 3巻10号 | 12 − 16 | S13.10 |
| 杉田　直樹 | 少年不良化の原因と医学的治療の効果について | 4巻1号 | 24 − 30 | S 14.1 |
| 杉田　直樹 | 犯罪少年治療教育の実際―特に癲癇に就いて― | 4巻2号 | 45 − 51 | S 14.2 |
| 杉田　直樹 | 精神薄弱少年の犯罪と其の治療教育―特に精神薄弱者に就いて― | 4巻3号 | 48 − 53 | S 14.3 |

| 杉田　直樹 | 犯罪少年治療教育の実際 | 4巻4号 | 73 − 78 | S 14.4 |
| 杉田　直樹 | 精神変質者の本態並に其の治療教育（一） | 4巻5号 | 74 − 79 | S 14.5 |
| 杉田　直樹 | 精神変質者の本態並に其の治療教育（二） | 4巻6号 | 31 − 37 | S 14.6 |
| 小泉清太郎 | 精神薄弱者を持つ親に捧ぐ | 4巻6号 | 15 − 18 | S 14.6 |
| 杉田　直樹 | 精神変質（異常性格）の教育治療法 | 4巻7号 | 74 − 80 | S 14.7 |

## 第10節　おわりに

　以下に文献整理の今後に残された若干の課題を述べてみる。

　本章では、①問題別研究、②人物史研究、③雑誌別研究、④文庫研究の4つに大別した分類法を提示してみた。そして、この4つの中より雑誌別研究として、社会福祉学の雑誌に注目したのであった。

　表8-1より今後着手しなければならないのは、やはり人物史研究にあると考えられる。同表においては、1960年代から1990年代にかけては、これまでには矢野（1965年）による脇田良吉、岩崎佐一研究[8]、紀要編集委員会（1972年）による杉田裕研究[9]、清水（1978年）による糸賀一雄研究[10]、川田貞治郎研究[11]、小川（1991年、1998年）による杉田直樹研究[12]、近藤益雄研究[13]、小林提樹研究[14]と散見できるくらいである。

　ところで、精神薄弱問題史研究会が『人物でつづる精神薄弱教育史』[15]を刊行したのが1980年である。同研究会が続編として『人物でつづる障害者教育史』[16]を刊行したのが1988年である。前書では50名、後書では102名の精神薄弱教育史上に残る先駆者を紹介している。また、田代国治郎・菊池正治が『日本社会福祉人物史（上）』『日本社会福祉人物史（下）』[17]を刊行したのが1989年である。上巻では50名、下巻では44名の歴史の上で社会福祉の礎を支え築いた人物を紹介している。これらの書物を手がかりにして、人物史という観点から、今なおかなり

眠っている文献の所在を明確にしていくことが急務であると思われる。人物史研究で論じられている「人物史も社会事業史である。社会事業史で、人物を画くことの難しさは人物を画きながら、しかも社会をおさえなければならない[18]」「当該人物の全生涯にわたる多様な諸側面をできるだけ詳しく把握し総合して、全体像のなかに社会事業的側面のもつ意味の重さを位置づける[19]」という研究課題を解決していくためにも、発掘、継承していかなければならない。

【注】
(1) 杉田裕「創刊にあたって」（精神薄弱問題史研究会『精神薄弱問題史研究紀要』、第1号、pp.1〜2、1964年）。
(2) 津曲裕次『障害者教育福祉リハビリテーション目次総覧』、第一期別巻、p.3、1990年。
(3) 吉田久一「序章 現代社会事業史について」（吉田久一著作集3、改訂増補版『現代社会事業史研究』、pp.1〜22、1990年）。
(4) 大久保哲夫、西信高、藤本文朗、森博俊、清水寛、田中良三、窪島務「障害児教育実践における教育学研究の課題」（全国障害者問題研究会『障害者問題研究』、第29号、p.57、1982年）。
(5) 関係雑誌の復刻として最近刊行されている主なものは以下のようである。
・大泉溥監修・解題『教育と保護の心理学』
　　第Ⅰ期（全12巻）：明治大正期
　　第Ⅱ期（全12巻）：昭和戦前戦中期
　　第Ⅲ期（全12巻）：専門雑誌、研究紀要
　　第Ⅳ期（全12巻）：戦後初期
　　別巻：日本心理学者事典
　　　（クレス出版）
・秋元波留夫解説『精神衛生』
　　1巻：昭和6年10月〜昭和8年8月
　　2巻：昭和9年2月〜昭和10年3月
　　3巻：昭和11年4月〜昭和13年12月
　　4巻：昭和14年1月〜昭和14年12月
　　5巻：昭和15年1月〜昭和15年12月
　　6巻：昭和16年2月〜昭和19年9月
　　7巻：昭和27年1月〜昭和35年3月

　　　 8巻：昭和 36 年 3 月〜昭和 39 年 10 月
　　　 9巻：昭和 40 年 3 月〜昭和 44 年 3 月
　　　（日本精神衛生協会、(財) 日本精神衛生会刊行大空社出版）
　・佐藤広美、高橋智編『戦前教育科学運動史料』
　　　 1巻：『教育科学研究』昭和 14 年 9 月〜昭和 16 年 4 月
　　　 2巻：『教材と児童学研究』昭和 9 年 5 月〜同年 8 月
　　　　（1巻は教育科学研究会編集、2巻は山下徳治編集、緑蔭書房出版）
(6) 小川英彦「戦前における『障害者福祉』関係文献目録－主な社会福祉関係雑誌の整理を通して－」(日本社会福祉学会『社会福祉学』、第 31 － 3 号通巻 44 号、pp.191 〜 219、1991 年)。
(7) 選択の基準は、各々の文献目録のもつテーマに即して設定されるものであると考えられる。

　たとえば、障害者問題にテーマがあれば、「障害者問題にかかわる教育・福祉・労働・医療等の諸分野から、①歴史研究と認められる著作・論文を中心に選択し、②障害者問題を直接の主題とはしていないが当分野の研究にとって欠くことのできない歴史研究や、③歴史研究ではないが資料価値の高い証言・自伝・聞き取り、文献目録・年表、史料集、翻訳等の収録」となっている。(高橋智・平田勝政・荒川智「障害者問題史文献目録」、全国障害者問題研究会『障害者問題研究』、第 36 号、p.81、1984 年)

　また、障害児教育について義務教育制度にテーマがあれば、「日本で第二次世界大戦以前・以後にわたって刊行された障害児教育義務制関係の図書・論文……(中略)……主題に照らして資料的にとくに価値の高いもの及び社会的に影響力の大きかったもの」となっている。(清水寛・平田勝政・津田敬子「障害児教育義務制関係文献目録」、日本教育学会『教育学研究』第 46 巻第 2 号、p.64、1979 年)

　筆者は、これらの研究に学ぶべき点があった。
(8) 矢野隆夫「脇田良吉及び岩崎佐一の著書目録－白川学園文庫・桃花塾文庫紹介－」(精神薄弱問題史研究会『精神薄弱問題史研究紀要』、第 3 号、pp.75 〜 76、1965 年)。
(9) 紀要編集委員会「杉田裕著作目録 (その 1)」(精神薄弱問題史研究会『精神薄弱問題史研究紀要』、第 11 号、pp.46 〜 49、1972 年)。
(10) 清水寛「糸賀一雄の著作目録と解説」(精神薄弱問題史研究会『精神薄弱問題史研究紀要』、第 22 号、pp.37 〜 44、1978 年)。
(11) 清水寛「川田貞治郎関係文献の目録と解説」(精神薄弱者施設史研究会『精神薄弱者施設史研究』、創刊号、pp.144 〜 157、1979 年)。
(12) 小川英彦「わが国における治療教育学説史の動向－杉田直樹の資料文献の整理を通して－」(社会事業史学会『社会事業史研究』、第 19 号、pp.133 〜 147、1991 年)。
(13) 小川英彦「知的障害児の教育と福祉の先駆者近藤益雄の著作に関する調査」(日本福

祉大学『福祉研究』、86号、pp.61～70、1998年)。
(14) 小川英彦「小林提樹の療育思想に関する研究－その1　著作年表の作成－」(日本福祉大学『福祉研究』、87号、1999年)。
(15) 精神薄弱問題史研究会：藤島岳、大井清吉、清水寛、津曲裕次、松矢勝宏、北沢清司『人物でつづる精神薄弱教育史』、1980年、日本文化科学社。
(16) 精神薄弱問題史研究会：藤島岳、大井清吉、清水寛、津曲裕次、松矢勝宏、北沢清司『人物でつづる障害者教育史〈日本編〉』、1988年、日本文化科学社。
(17) 田代国次郎・菊池正治『日本社会福祉人物史(上)(下)』、1989年、相川書房。
(18) 吉田久一「人物史について」(社会事業史学会『社会事業史研究』、第12号、ii～iii、1984年)。
(19) 長谷川匡後「人物史研究の課題」(社会事業史学会『社会事業史研究』、第21号、ii～iii、1993年)。

第 9 章　戦前における障害児保育文献整理

## 第1節　はじめに

　戦前の障害児保育の実践と研究をめぐっては、保育問題研究会第三部会と恩賜財団愛育会愛育研究所で活動が行われていた。本章では、その中心的立場にいた三木安正（1911年〜1984年、以下三木と称する）が所属した保育問題研究会とその機関誌『保育問題研究』に焦点化して、戦前の障害児保育の展開を整理することを目的とする。

## 第2節　保育問題研究会機関誌『保育問題研究』と第三部会の役割

　保育問題研究会は1936年に城戸幡太郎（以下城戸と称する）を会長として設立され、『保育問題研究』はその機関誌にあたる。『保育問題研究』は、1937年10月に創刊され1941年3月までに通巻37冊が出されている。菅忠道がその編集の中心となり、三木は創刊号より執筆をしている。なお、同機関誌の停止後には『保育問題研究会月報』が1943年4月まで10号出ている。

　同研究会は「児童研究の理論的活動を日本の児童の健全なる育成のための実践的活動に於ける諸問題の解決に役立てたい[1]」という趣旨から立ち上げられ、科学的究明をめざす科学主義と子どもの生活に根ざした保育をめざす生活主義のふたつを研究理念としていた。創刊号で示された方針にもとづいて、6つの部会が旺盛な活動を展開していくが、第三部会は特殊異常児・困った子供の問題などを扱い、その責任チューター（指導者）が三木であった。この第三部会の研究方針は次のようになっている。①理論的研究：異常児及び幼児の病理、心理並びに教育に関する講話、文献の紹介。②実際的研究：保育の実際家より、取り扱いに困

る子供の実例を報告し、専門家を交え相互に批判討論し研究された処置を実践すると共に、その経過報告をなす。③調査活動：幼稚園・託児所に於いて取り扱いに困る子供に関する諸種の問題を調査研究する。これら3つの中では、特に②に重点が置かれ研究と実践のリンクがなされていった。[2]

## 第3節　保育問題研究会機関誌『保育問題研究』における障害児保育の展開

(1) 第1巻第1号において[3]

　保育問題研究会が発足して1年が経過したところで、「保育問題研究会は何をして来たか」と題して第三部会の活動報告を以下のようにまとめている。

　4月22日第一回、東京帝大医学部附属脳研究室に於いて研究方針の協議会を開き、その大綱を決定し、幼稚園・託児所における問題児の調査に関して討論した。出席者は11名。

　5月24日第二回、研究発表は横山綾子による教育的見地から克明に記録された日誌と創意に充ちた方法からの「観察日誌について」、三木による「精神薄弱児に就て」であった。出席者は14名。

　6月29日第三回、研究発表は三木による「性格異常児に就て」、海卓子「困った子供の一例報告」であった。ここでは城戸から「困った子供に対して執った保母の教育的処置と、その反応・効果の記録こそ貴重」という示唆的発言がなされた。続いて、「困った子供の調査表」が示され、市内の幼稚園・託児所で配布調査することが決定された。出席者29名。

　なお、本号においては、アメリカのフォスターとヘッドレイのふたりによって執筆された『幼稚園の教育』の第19章（「特に注意を要する子供の取扱ひ」と題する）が横山ミトによって紹介されている。ここでは20のケースをあげ、社会順応力を目的にした教育方法にふれている

が、特に、治療しうると否とに拘らず、本人をして常に幸福に生き抜くためには、善良な市民としての共同生活を営めることを力説している点に注目できる。そのケースでは、①びっこの子、②異様な容貌の子、③文化程度の低い異民族の子、④不完全視力の子、⑤難聴の子、⑥体質虚弱の子、⑦不完全言語の子、⑧心身の発達がやや遅れている子、⑨精神遅滞の子、⑩優秀児、⑪左利きの子、⑫行儀の悪い子、⑬じっとして居られぬ子、⑭気が散り易い子、⑮無責任な子、⑯すぐ弁解する子、⑰あばれん坊、⑱気の弱い子、⑲過敏な子、⑳野卑な言語を遣う子といった行動特徴を列挙している。

また、中村孝子による「幼児の喧嘩の取扱ひ方に就て」も報告されている。

### (2) 1巻第2号において [4]

第三部会から「子供の喧嘩の研究に就て」が報告され、当面の部会の研究対象として、子供の喧嘩を取り上げ、多くの保母の分担と協力により科学的研究を継続させようとする方針が述べられている。

10月26日の部会について、三木の「幼稚園・託児所に於て取扱ひに困る子供の調査報告」がなされ、①本調査の意図並びに内容の説明、②まとめ方に就て、③報告・内容、④学的な診断の順に進められ、中でも保母が調査した62名の問題児の事実に即した詳細な報告がされている。出席者14名。

### (3) 第2巻第1号 [5]

城戸が「幼児教育の研究法」の中で、困った子供への対策として如何なる条件から生じたものかを、子供の素質に関するもの、保育に関するもの、家庭生活に関するもの、社会生活に関するものなどの視点から明らかにする必要があるとしている。

「東京市虚弱児童転住保育に参加して」では、就学前に健康児の域に

達せしめる目的から、体格異常児、体質異常児、栄養不良児、潜伏性結核児、病後回復順調ならず慢性の経過をとれる者50名を対象として、千葉県にある東京市養育院安房分院での生活プログラムとその所感が述べられている。

11月24日の部会について、三木からエリスハルト・グリーン、ヘレン・ダウェ、青木誠四郎の著書の紹介があり、子供の喧嘩の心理をつかみ、ケースによっては連続的系統的な観察実験及び記録にもとづく研究法が提起されている。他に観察日誌についても若干記述されている。出席者17名。

(4) 第2巻第2・3号[6]

2月22日の部会について、大羽昇一の「幼児の研究と観察記録の方法に就て」を紹介している。次いで、「入園時に調査すべき項目」に関して市内十数か所の幼稚園で使用している入園に際しての諸種の調査項目の批判と、部会としての新たな見解を加味した原案が討議されている。出席者11名。

3月9日の部会について、保育記録に関する討議と城戸の近刊である『社会的行動と児童の個性』が紹介されている。出席者30名。

(5) 第2巻第4号[7]

子供の喧嘩を見つけ、仲裁や叱責など何らかの対応をした場合、その直後に用意したメモにその実際を符号により記録し、それをたよりに保育時間終了後にカードにできるだけ詳細に再現する方法が大羽・三木・横山により提案されている。出席者22名。

(6) 第2巻第6号[8]

5月25日の部会について、波多野完治から「子供の喧嘩と自我の成

立」の話がなされている。ここでは、喧嘩は少なくとも3〜4歳から始まり14〜15歳にいたって一段落すること、自我の著しい成立を機縁としていることなどがふれられている。また、城戸より喧嘩は欲求の性質を深くつきとめなければならないという意見が出されている。出席者20名。

### (7) 第2巻第8号[9]

三木による「喧嘩とその処置 (1)」が述べられている。ここでは、①喧嘩に関する諸家の研究を学ぶこと、②実際の経験を集めること、③実験的方法をとることの方法論のうち、特に②と③が今後の課題であるとしている。また、庄司豊子から二つの事例が報告されている。

6月24日の部会について、『教育』(岩波書店) 4月号に発表した「幼稚園・託児所で取扱ひに困る子供の調査」の批判と今後の研究に関して城戸よりコメントがあり、1〜2の事例に対して部会で検討することが提起されている。出席者10名。

### (8) 第2巻第9号[10]

7月13日の部会について、城戸の『就学前児童の闘争』が紹介されている。託児所での54名の幼児を対象にして、観察により幼児の闘争的行動についての考察を行ったものである。闘争の種類を4分類した上で、闘争の原因として、社会的経済的状況、知能、運動場の広さと設備、先生の数とその干渉などをあげている。部会としては、処置の方法に力点を置いて進めていくことが課題とされている。山村きよから喧嘩の観察記の提出、庄司豊子から問題児の報告もされている。出席者10名。

### (9) 第2巻第10号[11]

三木による「喧嘩とその処置 (2)」が述べられている。ここでは、研

究会で取り上げられた「戦争と保育の問題」に関連して、喧嘩の記録の中から戦争ごっこについての報告が、ある講習生と横山ミトから2事例なされている。

### (10) 第2巻第12号 [12]

断片的知識の切り売りになることを避け、日常の保育の間に問題を発見する目を養ひ、それを解決していく力を培ふことを主眼に、加えて、日本の保育革新運動の温床となり、真に日本的なる幼児教育科学樹立の一助となるために、保育問題講座の開講をしている。第一期として11月から3月までを法政大学児童研究所で開催して、児童心理学の基礎的諸問題を中心に編成されているが、第三部会からは三木の異常児の問題(1)(2)が取り上げられている。

### (11) 第3巻第1号 [13]

三木による「喧嘩とその処置(3)」が述べられている。ここでは、庄司豊子と垣内京子からの託児所の乳児室での事例を報告している。子どもの喧嘩は物を中心とした争いが多いとされるが、自我の成立と密接に関連していることを主張している。そして、子どもの社会的態度は環境によって影響されることをドロテア・マッカーシーの「幼児の社会性の発達の導き方」という論文より引用している。特に、社会性のない、自信のない子どもの例をもちだして、環境の中でも遊び道具の配慮に託児所での反省を促している。

### (12) 第3巻第2号 [14]

恩賜財団愛育会愛育研究所の開設が紹介され、「幼稚園・託児所めぐり　その11」として愛育研究所の前景・乳児保育室・乳幼児検査室・児童室の写真を掲載している。

### (13) 第3巻第3号 [15]

「恩賜財団愛育会愛育研究所の開設」と題して、その組織と建物の紹介をしている。保育問題研究会の多数の会員が愛育研究所のスタッフであること、中でも三木が愛育研究所第二研究室において伊藤良子とともに、異常児の研究、言語異常の問題にあたっていること、牛島義友が嘱託として乳幼児発達検査の完成、言語発達標準の問題を担当していることが述べられている。

それと、保育問題研究会第三部会の当面の研究として、①新入園児の取扱ひに困った点の観察記録、②取扱ひに困る子供の保育日誌のふたつを掲げている。この点については、一般に家庭より幼稚園・託児所なる社会生活に入った場合、その当初には色々な問題を起こすであろうが数週間の後には消滅すべきものであり、それがいつまでも消えぬものが所謂問題児として残るわけであるから、そこで第二の問題児の取扱ひについての研究が始まり、その為に保育日誌が用意せられるとしている。いわゆる問題児への対応として①と②をあげて、三木が愛育研究所との連携で研究を進めるように進言している。

### (14) 第3巻第4号 [16]

三木の「異常児の問題（一）―主として精神薄弱児について―」の論文が掲載されている。『岩波教育学辞典』より異常児あるいは問題児の分類を紹介した後、託児所には精神薄弱的なものが多く、幼稚園には性格的な欠陥、特に社会性の欠陥からくる問題児が多いと指摘している。個々の問題への対応として精神薄弱の原因についての知識が必要であること、どのくらいの割合で占めているのかをアメリカの「児童の健康と保護に対する白亜館会議」より引用した上で、日本では異常児が非常に多いのに対して施設がかなり少ないこと、現在の教育的怠慢が社会に及ぼす迷惑といった観点から力説されている。また、将来的に特殊幼稚園

の設立が課題であるとしている。

### (15) 第3巻第5・6号[17]

　三木は「異常児の問題（二）―主として精神薄弱児について―」の論文で心理的特徴と教育の両側面に関して述べている。心理に関する研究として城戸の「児童に於ける特殊なる知能の構造」より抹消実験と置き換え実験をふまえて、精神薄弱児の教育には、反復学習せしめることと具体的な経験を豊かにしていくことを提起している。そして、その学習の根底には彼らの要求や欲求を重んじることが述べられている。子どもの実態把握にあたっては、まず相手の様子を知るということが第一歩であって、どの程度のことが出来、どのようなときには困り、どのようなときには困らぬかということを確かめる必要性、保母は断片的ではなく全体を通じてその子どもの特性を知る必要があって、家庭の理解と協力を求めなければならないとしている。

　同情とか保護は出発点の段階であって、理想的にはもっと積極的に人的資源の開発という見地からの対策が講じられなければならないとしている。

　部会について、三木より会員に今後の研究に向けて、問題児の記録用紙及び保育日誌が配布されている。

### (16) 第3巻第7号[18]

　阿部和子の「海からの便り―虚弱児童転住施設参加記―」と題して、東京市社会局が5月から7月にかけて横浜市磯子区所在麻布臨海学校に開設した虚弱児童転住施設の東京市金澤保育所の記録が紹介されている。保母に対して、虚弱児童の概念、結核児童の概念、転住保育に必要な保健衛生の知識を授ける必要があるとしている。

## (17) 第3巻第9号 [19]

　保育問題研究会が発足して3年を経過したので、保育問題研究会研究主題一覧と『保育問題研究』既刊号総目次が所収されている。前者において第三部会に注目してみると、1937年には研究方針協議（4月）、観察日誌と精神薄弱児について（5月）、性格異常児と困った子供の一例（6月）、取扱上注意を要する子供（9月）、取扱に困る子供の調査報告（10月）、喧嘩の観察記録（11月）、1938年には幼児研究と観察記録法（2月）、児童の社会的行動と個性（3月）、喧嘩記録の蒐集法（4月）、喧嘩の心理学（5月）、取扱に困る子供の調査批判会（6月）、就学前児童の闘争（7月）、喧嘩の記録批判（10月）、1939年には問題児記録日誌と調査表（4月）、問題児保育記録（9月）となっている。後者において第1巻第1号から第3巻第8号までの三木や第三部会などの執筆名があげられている。

## (18) 第3巻第10号 [20]

　財団法人中央社会事業協会と恩賜財団愛育会が主催した全国児童保護大会（1939年10月12日から14日）の概要が整理されている。この中で関係のある障害児事項をあげてみると、協議部門としては第三部会が疾病、虚弱並心身欠陥児童保護となっており、各府県社会事業協会から151の問題が提出されたが、その中で特殊児童保護の占める割合は36の問題で約24％となっていて一番多くなっている。その内訳は、心身欠陥児保護、精神障害児保護、身体障害児保護、精神薄弱児保護、虚弱児保護、結核児保護、先天性梅毒児保護となっている。また、対策案としては、精神障害児保護では精神薄弱児特別教育令の制定、精神薄弱児保護法の制定、身体障害児保護では肢体不自由児童特別教育令の制定、肢体不自由児童保護法の制定、盲・聾・言語障害児の教育・保護、視力保存の普及並徹底、聴力保存の普及並徹底、虚弱児保護では地域的保護

事業（都市、農村）、一般的保護事業、緊急保護事業があげられている。

第三部会について、「保育日誌の記録に就て」と題して三木より記録上の注意があったあと、実際の取扱ひに困った幼児の問題が話し合われている。出席者7名。

### (19) 第3巻第11号 [21]

保母生活調査委員会からの「保母生活に関する調査」が載っている。これは、保育問題講習会を契機にその資質向上のために実施された調査である。注目に値するのは、保育ニ当ツテキテ自分ニ足リナイト思フ教養ノ方面という問いに対して、特殊児童ノ取扱ヒ方が第一位となっていて、幼稚園では35.1％、託児所では28.8％に及び、保育経験年数においては3年未満が18.2％、3～10年が18.1％、10年以上が15.4％となっている。そして、色々な変った子どもが一人でも居ることによって、一組の集団的の取扱ひ方がどれ丈阻まれるか、集団と背馳する子供の取扱ひ方が一層問題となってくる、そのような問題のための教育は恐らくどこでも授からなかったであろうと投げかけている。

研究会自体の会員数が多くなってきたため、新機構が打ち出されているが、第三部会は、問題児の個別的指導研究を目的に、その中心となるスタッフに山村きよ、庄司豊子、佐藤峯子、岡眞澄、渡邊千代子、吉田愛子、三木の名前がみられる。

第三部会について、環境の異なる幼稚園と託児所では問題もかなり相異しているので、多人数にならないようにそれぞれの場で会合をもち、時に法政大学で全体の会合を開いて報告し連絡することとしている。出席者5名。

### (20) 第4巻第5号 [22]

第二回保育問題夏季研究講座の開催についての案内があり、研究発表

会では互いの研究と実践を交流する目的で、青木誠四郎が問題児を（委員は山村、庄司になっている）、三木が自由題を（委員は井手、村山、佐藤になっている）担当し指導的立場から司会になって講評と特別講演をしている。問題児の取扱ひでは、集団生活に馴れない子供、乱暴で困る子供、神経質な子供の処置、喧嘩の取扱ひ方など、保育日誌の中から拾ひ上げればいくらも問題があるわけで、それらの苦心が集められ研究されて行けば、ただ困る困るといって匙を投げている状態ではなく、このやうな子供こそ幼い頃によくしようといふ気持がわいてくると述べられている。

(21) 第4巻第6号 [23]

　第二回保育問題夏季研究講座の報告があり、研究発表会の問題児では、青木誠四郎の司会のもとで、海卓子（麻生幼稚園）の「問題の子供と其の家庭」、岡本竹子（麻生方面館）の「劣等感をもつ支那の子供」、副島ハマ（平安幼稚園）の「泣いた子供の記録」、三木（愛育研究所）の「新入園時に見られる色々の問題」、増渕穣（東京府保導協会）の「問題の少年の幼児」が報告されている。城戸の傍聴があり緊張した発表会であった。

　また、三木は研究発表準備委員長の立場から、「研究発表会及び協議会の跡を顧みて」と題して、参加者163名の中で、日本の保育界を推進して行く為の一つの足掛りが出来たと結んでいる。

(22) 第4巻第7号 [24]

　第二回保育問題夏季研究講座の問題児の4人の実際の報告が整理されている。それらを受けて司会の青木誠四郎が「問題児の処置法について」をまとめている。そこでは、問題の起こった原因と経過をみること、特に家庭での様子を観察することが大切とされている。そして、処置の方

法としては、一つの仮定を立てて、原因と考えられる点を除去して環境を調整していくこと、出来る丈多くの事例を集めて記録し、その中には共通性があるのでこれを抽出することで問題児のある程度までの指導法が進むと指摘している。

## 第4節　おわりに

　筆者は、先に三木が戦前の障害児保育に果たした役割について、①生活をつぶさにみようとした点、②保育の実際を非常に重視した点、③障害それぞれの程度に応じた指導の場を設定する必要性を主張した点、④心理学、保育・教育学、社会福祉学、医学といった諸科学の視点に立つと同時に、保育者とともに日常的に意見交換でき、チームワークの場を求め展開した点にあると論じた。[25]

　この三木という人物史研究から明らかになった点をふまえて、以下に頭書の研究目的であった保育問題研究会機関誌『保育問題研究』での展開をまとめるが、本章では今日的な障害児保育につながる点に関しての考察をしながら、同研究会第三部会の先駆的な貢献を評価しておきたい。

### (1) 対象にした子どもについて

　知的障害児、性格異常児、言語障害児のほかに保育をする上で困った子どもを扱っていることがわかる。特に、戦前には一般的に表されていた「異常児」というカテゴリーについて、第三部会においては精神薄弱や性格異常や言語障害が含まれていた。加えて、虚弱児を含めて園でみられるいろいろな問題を示す子どもを困った子どもと称していた。機関誌 (22) や機関誌 (3) の取り上げ方をみると、明らかに障害があると診断できる子どもからそうではない子どもまで幅広くとらえられている。今日的にいえば、気になる子ども、特別なニーズをもつ子どもたち

を対象にしていたと評価できよう。

　また、問題が起こった原因については、機関誌（5）にあるように素質・保育・家庭・社会といったトータルな視点にたって求めていくことと、原因を取り除き環境を整備することが述べられている。機関誌（24）にあるように障害や問題行動を個人だけに還元するのではなく、環境とのかかわりでとらえ、まわりの社会的条件を整えることで障害や問題行動を軽減させることができると考えていたと読み取れよう。今日的にいえば、バリアーフリーのとらえ方になる。

### (2) 観察と記録について

　徹底して観察と記録という研究法を貫いていることが明らかである。つまり、問題となる子どもの記録用紙と保育日誌が活用されていたのである。そして、指導にあたっては、数多くの観察と記録よりある一定の仮説をたてること、数多く集めた事例には共通性があることから、そこから一定の指導方法が見出せることが重要視されている。この点は、きわめて教育的見地に立った指導方法であると評価できよう。機関誌（7）にあるように、そのやり方にも一段と工夫を凝らしていたと考えられる。今日的にいえば、実践記録（エピソード）による保育研究方法の確立を追っていたといえよう。こうした第三部会での問題児への対応は、他の部会を交えての保育問題研究会全体に伝えられていることから、まさしく科学的な研究方法に依拠した、日本の幼児教育科学樹立をめざしていたのである。第三部会が対象とした子どもはけっして一部の特殊な子どもの問題ではなく、日本の幼児教育科学を打ち立てていくための不可欠な普遍性をもった問題として位置づけることができると評価できよう。

### (3) 発達をとらえる視点について

　機関誌（19）でもまとめられているが、第三部会の特徴として継続

して行われていたのに喧嘩の研究があげられる。ここでは、喧嘩の心理をつかむこと、殊に自我の成立と深く関連していることが強調されている。子どもの発達していくプロセスの中で、喧嘩という行動をつかむ必要があるといった心理学視点とつきあわせて日々の指導をしていくことが重要視されている。ここには、著名な心理学者が研究会のスタッフに布陣されていたことと密接なかかわりがあった。心理学と教育学のリンケージを求めていたのであった。第三部会で強調されていた観察研究と、先行する理論研究の合体でもあった。さらには、この観点は、問題行動を単に現象的にみるのではなく、子どもの発達する姿にそってみるといった今日の障害児保育での子ども理解にも合い通じるものがあると評価できる。

## (4) 園の先生たちのニーズに寄り添って

第三部会の出席者をみてみると、いつも一定数の先生たちが積極的に参加していることがわかる。機関誌[21]にあるように保育士の力量形成のために実施された調査では、特殊児童の指導方法へのニーズが第一位になっていることから、保育の難しい子どもへの保育内容と方法についての悩みがこの時代も横たわっていたと思われる。そして、機関誌[16]にあるように特殊幼稚園の設立を社会に呼びかけるとともに、幼稚園と託児所でのそれぞれでの調査を行うことで、子どもたちの置かれた状況にそくした有効的な指導、発達を促す最善の方策を模索しようとしていたのである。今日的にいえば、分離保育（セグリゲーション）と統合保育（インテグレーション）の両面が子どもの実態に応じて必要であると示唆していたと理解できよう。

【注】
(1)『保育問題研究』第3巻第9号、1939年10月。
(2) 浦辺史『保育問題研究・児童問題研究 4—7』復刻版、pp.1 〜 14、1978年。
(3)『保育問題研究』第1巻第1号、1937年10月。
(4)『保育問題研究』第1巻第2号、1937年11月。
(5)『保育問題研究』第2巻第1号、1938年1月。
(6)『保育問題研究』第2巻第2・3号、1938年4月。
(7)『保育問題研究』第2巻第4号、1938年5月。
(8)『保育問題研究』第2巻第6号、1938年6月。
(9)『保育問題研究』第2巻第8号、1938年8月。
(10)『保育問題研究』第2巻第9号、1938年9月。
(11)『保育問題研究』第2巻第10号、1938年10月。
(12)『保育問題研究』第2巻第12号、1938年12月。
(13)『保育問題研究』第3巻第1号、1939年1月。
(14)『保育問題研究』第3巻第2号、1939年2月。
(15)『保育問題研究』第3巻第3号、1939年3月。
(16)『保育問題研究』第3巻第4号、1939年4月。
(17)『保育問題研究』第3巻第5・6号、1939年6月。
(18)『保育問題研究』第3巻第7号、1939年7月。
(19)『保育問題研究』第3巻第9号、1939年10月。
(20)『保育問題研究』第3巻第10号、1939年11月。
(21)『保育問題研究』第3巻第11号、1939年12月。
(22)『保育問題研究』第4巻第5号、1940年6月。
(23)『保育問題研究』第4巻第6号、1940年7月。
(24)『保育問題研究』第4巻第7号、1940年8月。
(25) 小川英彦「戦前の障害児保育と三木安正」(愛知教育大学幼児教育講座『幼児教育研究』、第13号、pp.1 〜 6、2007年)。

# 第 10 章　杉田直樹の文献整理

## 第1節　はじめに

　わが国において戦前の精神薄弱者問題の形成・展開過程とその問題解決には、医学領域特に精神医学の研究者が一定の役割を果たしており、中でも治療教育思想の形成過程をみると、欧米の治療教育学説の影響をかなり強く受けていることを指摘できる。すなわち精神医学者が欧米の治療教育学説を日本に導入し紹介していたという経緯を把握できるのである[1]。本章で取りあげる杉田直樹(1887年～1949年、以下杉田と称す)も代表的な精神医学者のひとりであった。先述した幾編かの教育学及び心理学領域における関係雑誌の所収資料をながめてみると、やはり欧米の治療教育学の紹介に関するわが国の幾人かの精神医学者による記載内容に触れることができる。本章では戦前に東京帝国大学と名古屋帝国大学の精神医学界で治療教育学を大いに提唱していた杉田を取りあげ、関係雑誌に杉田のどのような治療教育学に関する論述があるかを整理することが必要であると考えたのである。

　筆者が杉田の資料収集に興味関心を寄せる今ひとつの理由は、杉田に関する先行関連研究が皆無であったことはもとより、戦前の精神薄弱児問題の成立過程で愛知県において唯一存在した精神薄弱児施設である八事少年寮が杉田の尽力によって設立されたということ、その実態解明が全く進んでいないという問題関心からであった[2]。社会福祉施設が治療教育学を提唱する精神医学者によって開設されたという経緯は、障害児問題をめぐって単に精神医学からのアプローチだけでは解決しえなく、社会福祉学はもちろんのこと教育学、心理学などの諸科学が互いに連携をもって総合的に問題解決に寄与しなければならなかったからだと考えられる。杉田の主張した治療教育学がそれらの諸科学の関連の仕方をきわめて鋭く問われる学問であったと指摘できよう。

以上のような問題関心から、本章では杉田の治療教育学に関する文献・資料紹介の点描を試みる。つまり、わが国における治療教育学説史を検討する基礎作業として、筆者が① 1990年7月までに行った先の4つの主要な社会福祉学関係雑誌及び医学関係雑誌の整理、② 1991年8月までに行った教育学関係雑誌の整理を通して、杉田の多くの論文を調査し、治療教育学についての記事内容がどこに所収されているかを明かにしてみる。なお、本章では紙幅の都合上、文献・資料の所在調査の結果を述べることとし、杉田の治療教育思想の形成過程[3]と精神薄弱児施設である八事少年寮の検討[4]については別稿で指摘してあることを断っておく。

## 第2節　蒐集・整理にあたって

杉田の研究業績を、研究論文と専門書の2つに大別してそれぞれの研究を執筆年順にまとめてみた。研究論文に関しては1916年から1949年にかけてを調査対象として、治療教育学の学問的性格を生かすことから社会福祉学雑誌関係論文、医学雑誌関係論文、教育学雑誌関係論文の範疇に分けて主な記事内容を紹介するという形式をとった。専門書に関しては目次と治療教育学の定義や対象児を中心としてまとめるという形式をとった。

## 第3節　研究論文─社会福祉学雑誌関係論文─

| 論文名 | 誌名巻（号） | 執筆年月 | 主　な　記　事　内　容 |
|---|---|---|---|
| 大脳皮質の発育と早教育 | 『児童研究』第22巻第11号 | T 8.6 | アメリカ留学中の大脳皮質発育の比較解剖学的研究の結果である。ドナルドソン氏の業績をふまえ、同氏のもとに研究を続けた。アメリカにおいて350頁にのぼる論文（英文）を出している。 |
| 性格異常ノ子供ニ対スル処置 | 『児童研究』第25巻第7号 | T11.3 | 先天性にせよ後天性にせよ性格の異常や智力の異常を幼少の頃からもっている者は、年頃になって精神病や神経病を発することが多いから、親や教員は軽くとらず、専門医と早く相談することが必要である。 |
| 睡眠ト児童ノ神経質 | 『児童研究』第28巻第6号 | T 14.3 | 意志は一般に薄弱で思考が定まらず、注意は多く散乱している神経質児童が、都会の児童に著しく増加している。 |

| 論文名 | 誌名 巻（号） | 執筆年月 | 主な記事内容 |
|---|---|---|---|
| 異常児童発生ノ精神病学的考察 | 『児童研究』第29巻第3号 | T 14.12 | 異常児童を「智力発育劣等ナモノ」（低能児）と「性格異常ヲ有スルモノ」（性格異常児）に大別し、低能をきたす原因を「大脳ノ皮質部分即チ知能作用ニ与ル中枢部ノ発育不全ガ其智力欠陥ノ原因」としている。そして、低能児には、特殊職業教育を与え、犯罪的常習に陥らないような環境を与えて社会的隔離を行う必要がある。 |
| 性格異常による犯罪少年の処置に就て | 『児童研究』第38巻第4号 | S 11.5 | 犯罪行為に陥る者の中に、精神薄弱者（低能者）が含まれることがある。その対策として、早くから社会より隔離して一定の厳重な収容所に監禁し、又は強制的に労役せしめるより外に対策がない。名古屋少年審判所の医務嘱託としての犯罪少年の審査の結果をのべている。 |
| 社会病理学の角度 | 『社会事業研究』第25巻第1号 | S 12.1 | 精神薄弱者を収容すべき大規模の保守的並に療病的の施設を備えるべきである。学問としても精神病学、治療教育学、社会病理学、犯罪心理学が、社会事業の当事者に注目される必要がある。 |
| 社会事業の欠点 | 『社会事業研究』第25巻第11号 | S 12.11 | 異常または病的児童の教化及び治療をする保護施設の設置が実現しておらず、八事少年寮において9才の衝動性性格異常（智能の低劣がみられる）の子をあずからざるをえなくなったことをのべている。 |
| 幼少年犯罪の原因と其教化 | 『児童研究』第39巻第5号 | S 13.7 | 幼少年の反社会的行動の原因のひとつとして、低能にして脳髄の発育欠陥のため十分に知恵がついていないことをあげている。 |
| 保護事業を進歩せしむる一要素 | 『社会事業研究』第26巻第12号 | S 13.12 | 八事少年寮であずかった盗癖の児童への指導についてのべ、その実績から保護事業に医学的特に精神病学的進歩を採り入れる必要があるとしている。 |
| 少年不良化の原因と医学的治療の効果について | 『少年保護』 | S 14.1 | 少年犯罪の原因を4つに分類し、そのひとつに「種々の異常に依り外界環境との協調が性格的に困難な為めに犯罪に陥るもの」として、精神薄弱者（低能者）をあげている。それと八事少年寮での治療教育の4つの方針を紹介している。 |
| 精神薄弱少年の犯罪と其の治療教育―特に精神薄弱者に就いて― | 『少年保護』 | S 14.3 | 精神薄弱児の定義に始まり、白痴・痴愚・魯鈍の三分類、興奮型と遅鈍型による分類、生来性先天性と後天性獲得性の発生原因による分類をあげている。また、出現率を人口50人に付1人とし、精神薄弱に基く少年犯罪者の特殊治療教育機関がわが国に存在しないことを一大欠点としている。 |
| 犯罪少年治療教育の実際―脳炎又は脳膜炎の精神薄弱児童の特質並に其の取扱ひについて― | 『少年保護』 | S 14.4 | 八事少年寮にいる後天性精神薄弱児の様子をあげ、「治療教育的予後の有望にして好良なるもの」「医療と特殊教育の仕様一つで何かの特質を引き出す事の出来る可能性を有するもの」だから、特殊の治療教育所が医学者、特殊教育者、社会事業家等の協力によって創設されなければいけないとしている。 |

第10章　杉田直樹の文献整理　165

| 論文名 | 誌名　巻（号） | 執筆年月 | 主　な　記　事　内　容 |
|---|---|---|---|
| 保護少年の精神薄弱について | 『社会事業研究』第27巻第9号 | S 14.9 | 八事少年寮の設立目的、保護少年児童の大多数が精神薄弱児であって、我国の少年保護事業の欠点は一定年齢に達したならば改善の成績如何にかかわらず、保護を打ち切って再び社会に戻されるところにあると指摘している。公共又は国家は、精神薄弱児のために一定の作業をレザーヴしておく必要があるとしている。 |
| 少年保護事業の実績 | 『社会事業研究』第29巻第9号 | S 16.9 | 保護事業の第一の根本必要は、被保護者の特質を鑑別し、これに適応する教育法、生活法を考えてやらなければならず、低能者にできる作業種目をあげている。 |
| 八事少年寮の近況 | ― | S 17.7 | 「専心高度国防」という状況にもとで、八事少年寮の資金面で苦労している様子、昭和15年度事業成績と養護児童少年個別表といった貴重な一覧があげられている。 |

## 第4節　研究論文―医学雑誌関係論文―

| 論文名 | 誌名　巻（号） | 執筆年月 | 主　な　記　事　内　容 |
|---|---|---|---|
| 獨逸ニ於ケル感化事業ノ発達 | 『医学中央雑誌』第13巻第13号 | T 5.1 | 1913年にドイツへ留学しており、その時の様子を紹介している。「世界中獨逸ハ最モ進歩シ」と感化保護事業を①精神病院（治療的）、②白痴院或ハ低能者院（慈善的）、③補助学校又ハ補助学級（教育）の3つに区分している。従来、宗教家や教育家が事業に従事してきたが、「近来ニ至リ次第ニ精神病医ノ協力スル所トナリ」と変化を述べている。 |
| 北米合衆国ニ於ケル精神病者ノ統計ト最近ノ調査報告 | 『医学中央雑誌』第15巻第276号 | T 7 | 1915年にアメリカへ留学しており、1910年と1917年の調査報告を比較検討している。公私立保護院の収容低能者数は、公立34,404人私立2,816人（1917年）で、低能者の収容数が7年間で約80％増加している。 |
| 精神異常児の鑑別に就て | 『東京医事新報』第2567号 | S 3.4 | 主として学習能力が不良なる児童について論じている。学習不良の原因を①一時的学習不良、②持続的学習不良に分け、低能を後者に入れている。先天性の低能者は、皮質細胞の数並に構成が完全でないため概念の構成作用が不完全であって従って新しい知覚観念を結合すべき既得の観念が豊富に出来上って居らないから何時まで経っても其の知識を広め進めて行くことが出来ないとし、後天の原因と区分している。予後については、白痴と高度の痴愚は日常の生活を他人より哺育されなければ生存できない者、軽度の痴愚と魯鈍は適当な保護機関で職業的指導並に職業上の世話をしてやらなければならない者、ビネーシモン智能指数が90附近の者は劣等児として特殊の教化に堪え得る者としている。処置については、教育病理学的処置を講ずる機関が完成して居らない現状にふれ、公立の異常児童鑑別所が大都市に設置されるべきことをあげている。 |

| 論文名 | 誌名 巻(号) | 執筆年月 | 主　な　記　事　内　容 |
|---|---|---|---|
| 精神病者の断種実施に就いて | 『東京医事新報』第2602号 | S 3.12 | 断種手術の変遷、断種法の実施、断種実施の学術的根拠についてアメリカの実態を中心に紹介している。最も生殖力の著しい低格者（低能児及び酒客）で後見人なき場合には医学的優生学的適応症の者は断種すべきであるという断種法実施に関しての意見で結んでいる。 |
| 学校教育と精神衛生 | 『関西医事』第88号 | S 7.3 | 特殊児童に対して、特別の教育法を用いている地方もないではないけれども、父兄を指導して児童の精神の健全なる発達を期する施設は聞かないこと、目下の教育があまりに智育に偏重しており、性格の発達指導が閑却せられていること、勉学によって起される精神上の障害を未然に防止する医学的な策をたてることを述べている。 |
| 精神病症候に対する対症療法 | 『臨床医学』24巻1号 | S 11.1 | 精神異常症候群の分類化をし、そのひとつに「精神薄弱状態」をあげている。それは、主として生来性の大脳発育制止による精神薄弱、即ち低能の状態を指す。家系の遺伝的負因により、又は両親の慢性酒精中毒等による胚種欠陥として先天的に現れる者が最も多いが、胎生期にける母体疾患の影響、幼嬰時に於ける熱性伝染病・脳疾患・頭部外傷等の影響で生ずる者も少なくない。 |
| 児童精神病学を興せ | 『東京医事新誌』3065号 | S 13.1 | 児童期の智能、気質、性格行動上のいろいろな現象は成人とは異なった中枢神経系の発達の段階にある特殊の条件の下に在るものなので、その障害や発育不全を除き、治療、教護、習得を図るためには、新しい科学部門である児童精神病学を樹立しなければならないと提唱している。 |
| 異常児童と医療に就いて（家庭教育の精神衛生的意義） | 『東京医事新誌』3117号 | S 14.1 | 名古屋少年審判所や愛知県社会課等からの精神神経病的異常児童数十名の保護教護の委託を八事少年寮がうけ、その中に精神薄弱者（低能者）が多かったことがあげられている。八事少年寮が対象とした50余名の児童の障害の種類、医療費に関する記載が出てくる。 |
| 癲癇児童の集団治療に関する臨床 | 『実験医報』第26巻10号 | S 15.8 | 八事少年寮に委託された児童の中に癲癇者が多くいて、一つのグループをつくり同一の方針で治療していったら効果が良好であったことがのべられている。 |
| 少年犯罪と精神医学的対策 | 『日本医学及健康保険』3202号 | S 15.9 | 低能者（精神薄弱者）が少年犯罪を起こすのは、「智能薄弱なるが為めに行動の対社会的効果に対する洞察がなく、即ち、是非善悪の弁別がなく、為めに得意勝手な行動をして偶々それが犯罪になる」からである。 |
| 精神薄弱（低能）の診断に就て | 『治療及処方』第23巻第1号、第263号 | S 17.1 | 智能障害のみに基く分類（白痴、痴愚、魯鈍）は心理学的あるいは教育学的診断としては足るかもしれないが、精神医学的診断としては物足りない。詳細に脳髄の病理解剖学的障害の性状範囲等を推断するように努めなければならない。そして、精神薄弱を①内因に基くもの、②外因に基くもの、③幼児型発育不全に分類し、教育病理学が普及しなければならないとしている。 |

第10章 杉田直樹の文献整理　167

| 論文名 | 誌名 巻(号) | 執筆年月 | 主　な　記　事　内　容 |
|---|---|---|---|
| 一地方無医村の社会医学的考察 | 『医学と生物学』1巻4号 | S 17.2 | 文部省厚生省主催、香川県援助の下で昭和16年8月に香川県小豆郡福田村での精神病調査の報告である。智能指数70以下の精神薄弱を20%あげている。 |
| 精神薄弱一般論 | 『精神神経学雑誌』第47巻第1号 | S 18.1 | 第41回日本精神神経学会総会(昭和17年3月)の宿題報告要旨である。①精神薄弱の定義、②精神発育と身体発育、③精神薄弱と社会適応性、④精神薄弱者の出現率についてのべられている。①では白痴、痴愚、魯鈍、劣等児という境界に関する諸説を比較した上で杉田の私案をあらわしている。当時の杉田の治療教育観を知る上では貴重な資料である。 |
| 精神病及び精神薄弱の問題 | 『日本臨床』第2巻第1号 | S 19.1 | 昭和9年東京市教育局による東京市立小学校在籍児童中にしめる劣等児童数の割合からして、精神薄弱児教育施設（私立）と国民学校内の特別養護学級の数が足りないことをあげ、国家的対策としては国民優生法の励行によって、遺伝負因の源泉を断つことが一番確実の方法であるとしている。 |
| 杉田教授追悼号 | 『名古屋医学会雑誌』第63巻第5号 | S24 | 杉田神経精神科教室の業績を8つに分けて、小児精神医学を開拓し、その一方面として精神薄弱研究を行っていたことをあげている。 |

## 第5節　研究論文―教育学雑誌関係論文―

| 論文名 | 誌名 巻(号) | 執筆年月 | 主　な　記　事　内　容 |
|---|---|---|---|
| 低能児分離教授に就いて | 『日本教育』第2巻5号 | T12 | 低能児のみを普通学級から分離すると、その級全體の進歩が急に目立って促進されて来る斗りでなく、分離された低能児自身の方も学得の速度、正確度が急によくなり、学事に興味を覚えてくるようになると指摘している。そして、特殊学級の編成を3つの区分から述べている。 |
| 低能児童の教育病理学的特殊研究記録―早發性癡呆者の一例― | 『教育研究』第285号 | T 14.3 | 東京高等師範学校附属小学校第五部の児童を対象にして、教育病理学的検査を実施した事例の結果を列挙している。当時の第五部の対象児童の障害の程度や種類を知る上での貴重な記録である。13歳男児　内脳水腫症の事例 |
| 低能児童の教育病理学的特殊研究記録 | 『教育研究』第287号 | T 14.5 | ＳＮ児　11歳男子の事例　特殊学級在学中の低能児の約6割が短慮であると指摘している。学習面でみられる「ぼんやり」の原因にも触れている。 |
| 低能児劣等児の精神病理学的特殊記録 | 『教育研究』第290号 | T 14.7 | MA　12歳の事例　低能児中歯列不整の明らかに認められたものが学級全体の半数以上もあり、種々の種類の他の歯牙発育異常を合して3分の1以上もあるとしている。HT　12歳の事例　横臥することを好まない原因について触れている。 |
| 教育病理学的臨床記録（四） | 『教育研究』第293号 | T 14.9 | 低能児や不良児や精神病者、神経病者、犯罪者等を調べてみると、其等の者の中に変質徴候が見出されることは甚だ割合が多いと指摘し、身体的変質徴候の10の特徴をあげている。そして、学級に在籍する5名の児童の変質徴候を紹介している。 |

| 論文名 | 誌名 巻 (号) | 執筆年月 | 主　な　記　事　内　容 |
|---|---|---|---|
| 異常児童発生の精神病学的考察 | 『日本教育』第4巻、8号 | T14 | 異常児童を劣等児及び低能児、性格の異常を有する不良児及び異常性格児に分類している。異常児童発生に関する問題は社会醫学的の重要問題なると共に社会政策上教育の効果を上げんとすれば特に考慮しなくてはならぬ問題であると主張している。 |
| 児童期精神病理学概観（一） | 『教育論叢』第15巻、4号 | S1 | 広義の精神薄弱を精神発育制止症と部分的精神発育制止症に分け、前者は全精神作用が一定の調和関係を保ちつつ全体としてその生活年齢に対して發育が遅滞したものを、後者は一部の能力のみが特に發育が遅れ又は優れてゐて全精神作用の均衡調和がとれぬといふものをさしている。なお、精神薄弱児を白痴、痴愚、魯鈍の三程度に分類し、それぞれの教育の対応を講じている。 |
| 児童期精神病理学概観（二） | 『教育論叢』第15巻、5号 | S1 | 癲癇の医学的な特徴を論じ、職業教育に専心せしめるが良策であり、常に爽快な気分を与へることに注意しなければならないと教育上の留意点を指示している。 |
| 児童期精神病理学概観（三） | 『教育論叢』第15巻、6号 | S1 | 神経質の医学的な特徴を論じ、低能児よりも将来有為なるべき児童ととらえている。そして、神経質の者だけ分離して特殊学級を設けて、教育病理の立場から適富な医師の指導を受けつつ授業する方がよいとしている。 |
| 児童期精神病理学概観（四） | 『教育論叢』第16巻、3号 | S1 | 性格異常の医学的な特徴を論じている。ルードウィッヒ・ストリュムペルの『教育病理学―名児童の悪癖の学』の著述を紹介している。 |
| 児童期精神病理学概観（五―完） | 『教育論叢』第16巻、4号 | S1 | 精神薄弱の医学的な特徴を論じている。その対応には、環境の変換と作業療法を課することが有効であるとしている。また、普通の学校や家庭では監督が困難であるから、特殊の治療教育機関を設ける事が必要であり、欧米先進国では既にその施設を持ってゐて、相当の効果を挙げつつあることを紹介している。 |
| 教育病理学を廣く實用化せよ | 『教育問題研究』第79号 | S1 | 小学校での数十名について教育病理学的に診査した結果、学習不良になる原因を20項目掲げている。我國都市の小学校では平均児童全数の1割8分が劣等児であるが、それぞれの原因と現象とを教育病理学的に研究して見やうと志す人がどれだけいようかと指摘している。 |
| 精神衛生について | 『学校衛生』第7巻、第3号 | S2 | 文部省主催学校衛生講習会における講演の要領である。精神変質者を、生来性精神發育異常（不良児）及び先天性精神發育制止（低能児）、後天性精神發育異常、精神変質者の3つに分類し、それぞれを説明している。さらに、その対応として、低能児には特殊教育方法を、不良児には感化院での矯正教育を行うようにと主張している。 |
| 教育病理学ヲ廣ク實用化セヨ | 『日本学校衛生』第16巻、第2号 | S3 | 『教育問題研究』第79号と同じ内容 |

## 第6節　研究書

| 研究書名 | 『低能児及不良児の醫学的考察』 |
|---|---|
| 発行所名 | 中文館書店 |
| 執筆年月 | T12年2月 |
| 目　次 | 第壱編　不良児の醫学的考察<br>　　第壱章　教育学と醫学との協同　　第弐章　児童の性格の構成<br>　　第参章　児童の精神及身體の發育　第四章　遺伝による欠陥状態の成生<br>　　第五章　児童期特有の性格と其の發育　第六章　児童教育の効果<br>　　第七章　性格の意義　　　　　　第八章　病的性格異常<br>　　第九章　変質性精神病　　　　　第十章　内因性精神病<br>　　第十一章　少年期に發する神経病　第十二章　生来軽病態<br>　　第十三章　性格異常児の処置<br><br>第弐編　低能児の醫学的考察<br>　　第壱章　低能児の本態　　　　　第弐章　精神の發育<br>　　第参章　低能児發生の原因の考察　第四章　低能児發生の予防法<br>　　第五章　低能児の智能欠陥の程度　第六章　精神的並に身體的変質徴候<br>　　第七章　低能児の精神症候　　　第八章　低能児の予後<br>　　第九章　低能児の醫学的治療法　第十章　低能児の分類<br>　　第十一章　大脳の概観　　　　　第十二章　先天性低能児各論<br>　　第十三章　脳病性低能児各論　　第十四章　結辞<br><br>第参編　附録　低能児及不良児に関する著者の講演二<br>　　壱　独逸に於ける感化保護事業の発達<br>　　弐　教育上及醫学上注意すべき児童の性癖に就て<br>　　参　異常性格の児童に対する家庭教養上の注意<br>　　四　児童の変質徴候 |
| 定　義 | 治療教育学を「精神病学と教育学との中間に立つて其の實地問題上の調和が図られ」「教育学を基礎として精神病学的に特殊児童の個性を論じ、又精神病学を基礎とし教授法中の特殊の部分の方針の合理化を論究する学問」と定義している。(p.11) |
| 対象児 | また、治療教育学の対象児を「智力の方面に於て特に著しき欠陥を示す」低能児と、「智力以外の性格即ち感情意志の方面に於ては著しき欠陥を示しますが、智力に於ては敢て普通とは違はない」不良児に指摘している。(p.292) |

| | |
|---|---|
| 研究書名 | 『異常児童の病理』 |
| 発行所名 | 内外書房 |
| 執筆年月 | T13年3月 |
| 目　　次 | 第一章　　序論<br>第二章　　異常児童とは何ぞや<br>第三章　　異常児の限界<br>第四章　　異常児の鑑別<br>第五章　　異常児發生の原因<br>第六章　　智能の本態<br>第七章　　胚種欠陥と遺伝<br>第八章　　酒精変質と先天梅毒<br>第九章　　後天的原因による異常児<br>第十章　　異常児と大脳機能障害<br>第十一章　変質徴候<br>第十二章　低能児論<br>第十三章　性格の構成及其の異常<br>第十四章　性格異常各論<br>第十五章　神経病的児童<br>第十六章　異常児發生の予防<br>第十七章　異常児童の処置 |
| 定　　義 | 治療教育学を「一方は比較的永続的な、殊に遺伝的素質に基いて發する病的の低能又は性格異常の如き者から、一方は單に一時的の病気に依つて起る如きものに至るまで、一概に云つて総て団体的学級制度の下に統一的に教育を受けることに堪へ得ないやうな特別の児童の色々の状態に就て研究し、その原因や症候を探り、而してそれに対する適當なる処置の方策を講究する学問」と定義している。(p.8) |
| 対　象　児 | また、治療教育学の対象児を、低能児童、不良児童、神経質児童、病弱児童、一時的疾患児童に分類している。(pp.3～8) |

| 研究書名 | 『神経質児童の躾け方』 |
|---|---|
| 発行所名 | 白揚社 |
| 執筆年月 | T 14 年 7 月 |
| 目　　次 | 第1章　学業成績の不良なる児童<br>第2章　神経変質の定義<br>第3章　神経質とは何ぞ<br>第4章　教育上注意すべき神経質の精神的症候<br>第5章　神経質児童の身體的症候<br>第6章　神経質児童に屡々来る癖<br>第7章　神経質児童に見らるゝ性慾上の悪癖其他<br>第8章　神経質児童發生の原因<br>第9章　神経質児童發生の予防<br>第10章　神経質の素質ある者の処置法<br>第11章　児童期の躾け方に就て<br>第12章　神経質児童の家庭的訓練法<br>第13章　神経質に因る人生の失敗と其の予防法<br>第14章　青年の時代病<br>第15章　生来性體質と運命<br>第16章　不動心と肉體的鍛練<br>第17章　心身過労した人の為に<br>(附録) 幼児の神経質について |
| 対象児 | 学習能力不良児童を「第一は持続的学習能力不良者即ち先天的の低能児、第二は一時的学習能力不良者で、之は種々な身體的疾病或は神経質などのために注意力の不完全を来すものか、或は疲労が昂進するために一時的に学習能力に障害を来すもの、第三は進行性学習能力不良者で、之は学齢後に發した精神病、神経病などのために、その病気の進行と共に漸次全精神作用の遅鈍を来たし、年と共に段々激しく成績不良となつて行くもの」をさす。(pp.6〜7) |

| | |
|---|---|
| 研究書名 | 『小精神病学』 |
| 発行所名 | 金原商店 |
| 執筆年月 | S3年3月 |
| 目　　次 | 第一編　精神病学総論<br>　　I．精神症候<br>　　II．身體症候<br><br>第二編　精神病学各論<br>　　I．梅毒ニ基ク精神病<br>　　II．老齢ニ因ル精神病<br>　　III．薬物・嗜好品等ニ因ル中毒性精神病<br>　　IV．自家中毒ニ因ル精神異常<br>　　V．伝染病性精神病<br>　　VI．脳病又ハ脳外傷ニ基ク精神異常<br>　　VII．精神乖離症又ハ早發性癡呆<br>　　VIII．精神薄弱症（低能）<br>　　IX．精神変質症<br>　　X．躁鬱病<br>　　XI．癲癇<br>　　XII．精神病性體質<br>　　XIII．神経衰弱症<br><br>第三編　附録 |
| 定　　義 | 治療教育学を「精神薄弱児童（低能児）及ビ性格異常児童（不良児）其ノ他ノ病的児童ノ治療並ビニ特殊教育ニ關スル實際問題ヲ討究」する学問と定義している。(p.1) |
| 対 象 児 | 白痴は「精神發育ノ程度最モ低キモノニシテ、成年ニ達スルモ尋常6歳児ノ智能程度ニ達スベキ可能性ヲ有セザルモノ」、痴愚は「成年ニ達スルモ其ノ智力ノ發育ハ尋常12歳児ノ程度ニ及バズ、其ノ進歩ノ殆ド無キモノ」、魯鈍は「普通人ノ智能發育ニ比シ少シク遅レタル程度ニシテ、痴愚ト常人トノ中間ニ位スルモノ」に分けている。(pp.110～113) |

| | |
|---|---|
| 研究書名 | 『治療教育学』 |
| 発行所名 | 叢文閣 |
| 執筆年月 | S 10 年 10 月 |
| 目次 | 序<br>第一章　緒言<br>第二章　精神薄弱児童<br>第三章　性格異常児童<br>第四章　精神病質児童<br>第五章　結論 |
| 定　　義 | 　治療教育学を「一般に現代の教育法に適合しないほどの智能や性格や神経作用・精神作用の上の異常的特徴を有してゐる児童について、斯かる病的傾向を発生せしめた原因を探求し、又その病的傾向の特質を仔細に観察し、之等の特殊の醫学的知識を基礎となして、適當な醫療を加ふると共に教育的方法を用ひつゝ、徐々に自然發育の機会を利用して合理的にその病的傾向を治療すべき實際的方法を攻究する」学問と定義している。(p.7) |
| 対　象　児 | 　また、治療教育学の対象児を「生来性精神薄弱症（低能）、後天性精神薄弱症（低能）、疾病に因る一時的学習能力障害、感官の機能障害に基づく学習能力障害、神経病質児童、性格異常者、精神病的児童」の7つに分類している。(pp.13〜15) |

| | |
|---|---|
| 研究書名 | 『社会病理学（一）』 |
| 発行所名 | 大日本図書 |
| 執筆年月 | S11年7月 |
| 目　　次 | 序<br>緒論<br>第一講　不良少年の本態<br>第二講　不良少年の病理<br>第三講　不良少年の原因<br>第四講　不良少年の分類<br>第五講　不良少年の症候<br>第六講　不良少年の矯治 |
| 定　　義 | 社会病理学を「社会不適応な現象があつたとして、それが主として社会成員たる個々人の特殊な言動又は思想に基いて起つたものと考へられる場合に於て、其の原因たる個々人の特質をば生物学的醫学的の方面から研究して其の本態を明かにしようといふ」学問と定義している。(p.2) |
| 対 象 児 | また、対象児を「主として精神發育の欠陥を示す児童、特に不良児童・低能児童を指す」としている。(p.6) |

（Tは大正、Sは昭和を示す）

## 第7節　おわりに

　本章を閉じるにあたって今後の課題を述べてみる。
　第一に、今回、杉田の治療教育学をめぐる研究業績をまとめたのであるが、筆者が第7章で総括した障害者福祉文献整理によれば『慈善』『社会と救済』『社会事業』誌上には富士川游、呉秀三らの精神医学者の研究論文を、『救済研究』『社会事業研究』誌上には三田谷啓の研究論文を見出すことができた。杉田以外のこれらの精神医学者がどのような治療教育思想をもっていたのかを分析するためにも、彼らの文献・資料の所在を明らかにしていく作業を今後も継続していかなければならないと考えられる。
　第二に、こうした一連の精神医学者の治療教育思想の検討を行う中で、どのような契機、経緯で欧米の治療教育学説を摂取していったのか、またその学説がどのようにして「障害者福祉」に反映されていったのかというプロセスを明らかにする研究が必要であると考えられる。
　最後に、こうした未開拓の研究分野が着手されることを契機に、戦前の「障害者福祉」の歴史の全体をいっそう明確にでき、障害児問題の解決に関わる諸科学や実践を発展させることができればと願う次第である。

【注】
(1) 田中勝文・小川英彦ら「治療教育学説史の研究(1)―ヨーロッパにおける治療教育学説―」(愛知教育大学特殊教育教室『特殊教育論集』、pp. 88～109、1982年)。
　　飯岡陽子「明治期における治療教育学・教育病理学導入に関する一考察」(精神薄弱問題史研究会『精神薄弱問題史研究紀要』第26号、pp.13～46、1982年)。
(2) 小川英彦「戦前、愛知県における障害児の教育福祉問題史研究―『個別学級』と『八事少年寮』の検討―」(日本社会福祉学会中部部会にて発表、1991年4月)。
(3) 小川英彦「杉田直樹の治療教育観に関する一考察」(中部教育学会第33回大会にて発表、

1984年7月)。

小川英彦「杉田直樹の『治療教育』の思想（Ⅰ）」（精神薄弱問題史研究会『障害者問題史研究紀要』第33号、pp. 27～38、1990年)。

(4) 小川英彦「杉田直樹の『治療教育』の思想（Ⅱ）―八事少年寮の検討を中心にして―」（『日本特殊教育学会第29回大会発表論文集』、pp. 514～515、1991年)。

# 第 11 章　近藤益雄の文献整理

## 第1節　はじめに

　近藤益雄（1907年〜1964年）を取り上げた理由は以下のようである。
　第一に、「生活綴方教育の思想を根底にもったすぐれた実践と多くの著作を通じて、戦後の精神薄弱児教育の発展に先駆的役割を果たした[1]」と評される近藤ではあるものの、1939年までの時期に執筆された著作は『近藤益雄著作集』（明治図書）の著作年表（7巻、pp.285〜311、1975年）には必ずしも十分に整理されていない点があげられる。
　第二に、近藤の主張・実践した教育観が、教育と福祉の関連のしかたをきわめて鋭く問うことのできる思想であり、この教育観がいかにして醸成されてきたかというプロセスに問題関心を寄せる点である。すなわち、近藤の内在的論理の発展としての必然性についてである。巣鴨貧民街の桜楓会託児所での体験から、昭和恐慌期の貧しい農山村の小学校をふりだしにして、生活綴方の思想と方法に特色のある実践へ、そして佐々町立口石小学校の障害児学級の創設、精神薄弱児施設ののぎく寮の開設へと進む中で、①生命の尊厳、②発達の保障、③人権の実質的平等、④平和のための文化という思想をもつように至った生涯が、現代の教育福祉問題を解決させてくれる糸口を提供してくれているのではないかと考えさせられるからである。
　第三に、これまでの近藤研究は教育方法史的視点を中心になされてきているが、単に教育方法史的視点だけではカバーしきれない広がりと深さをもっており、人物史研究の視点からアプローチされるべき[2]という点があげられる。

## 第2節　本調査の目的と方法

　近藤研究の第一人者としては、やはり清水寛の研究をあげることができる。今、表11-1 に清水の代表的な近藤研究について、章立て、研究の目的・アプローチの方法、結論・課題をまとめてみた。なお、表11-1 の第Ⅰ論文、第Ⅱ論文、第Ⅲ論文は以下に所収されている。

　第Ⅰ論文
　清水寛「生活綴方と障害者教育―近藤益雄の実践を中心に―」（清水寛『発達保障思想の形成―障害児教育の史的探究―』、pp.84 ～ 125、1981 年）。
　第Ⅱ論文
　清水寛「命の尊厳をきずく教育―近藤益雄の生きた道―」（清水寛『障害児教育とはなにか―教育の真実を求めて―』pp.11 ～ 66、1981 年）。
　第Ⅲ論文
　清水寛「生命の尊厳と平和のたの教育―近藤益雄に学ぶ―」（『障害児教育実践体系第1巻基礎理論』、pp.371 ～ 387、1984 年）。
　また、表11-1 の第Ⅰ論文と第Ⅲ論文における時期区分を整理すると図11-1 のようになる。

　本章では、生活綴方教育と精神薄弱児教育が近藤において統一的に結合されていくプロセスに問題関心があるゆえに、第2期（1927 ～ 1949）と第3期（1950 ～ 1964）の資料の所在を明らかにすることを目的にする。特に、本章では清水が第Ⅰ論文で指摘した「今なお未収録・未発表の論稿がかなり眠っている」ことを念頭に置きつつ、1949 年までの時期に力を注いで調査することにした。

表 11-1 清水寛の近藤益雄研究概要

| | 第Ⅰ論文 | 第Ⅱ論文 | 第Ⅲ論文 |
|---|---|---|---|
| 章立て | はじめに<br>1 戦前の生活綴方教師たちのとりくみ<br>2 生活綴方運動の前駆として——自由教育運動と障害児<br>3 近藤益雄の歩んだ道<br>4 近藤益雄の生活綴方教育の性格・構造<br>5 近藤益雄における生活綴方教育と精神薄弱教育との連関性<br>6 生活と教育の結合と、その展開<br>7 「学力論」への提起とその意義 | 1 "1冊の本"——近藤益雄との出会い<br>2 戦前の教育実践——生活綴方の思想にたって<br>3 戦後の教育実践——障害児の教育と福祉に生きる<br>4 平和をきずき、生命の尊厳をうちたてるしごととして | 1 障害児の生命を守ることと平和をきずくこと<br>2 近藤益雄——その位置と時期区分<br>3 障害児教育の実践・運動をつらぬく4つの思想的特質<br>4 近藤益雄から引き継ぐもの |
| 研究の目的・アプローチの方法 | 戦前の民間教育運動史をおさえた上で、近藤益雄の生活綴方教育の思想や教育方法と精神薄弱児教育の特質の内的連関性を検討する。<br>近藤益雄の生涯を8つに時期区分して、約40年にわたる実践の歩みを特徴づける。 | 戦前の実践を、文集『てんぐさ』『勉強兵隊』『子どもと生きる』より、戦後の実践を、『遅れた子どもの生活指導』『この子らも・かく』、理科教育より明らかにする。 | 第Ⅰ論文の時期区分をもとに、大きく57年の生涯を3つに分けている。近藤益雄の教育史上での位置と、その教師としての歩みの時期区分について記している。<br>また、障害児教育の実践を貫いていた教育の思想について、具体的な実践との関連に留意しつつ、その特質を明らかにする。 |
| 結論・課題 | 国語教育・美術教育、生活教育・生活指導論、社会教育、教師・教育運動論（地域文化運動論）、教育紙芝居・詩・童謡・自由律俳句・短歌等について明らかにする課題がある。 | 話す、書く、発表するという生活綴方の循環的指導、教育と福祉の思想的特質を結論づけている。 | ①生命の尊さをきずく、②すべての子どもの人格としての限りない発達の保障、③人権の実質的な平等をめざして、④平和のための文化をきずくいとなみとしてという重要な特質を導いている。 |

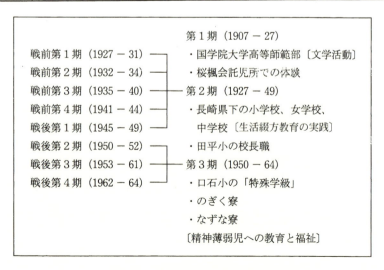

図 11-1 第Ⅰ論文と第Ⅲ論文の時期区分

調査の方法は表11-2に第2期を、表11-3に第3期を対象にして、研究会名・編者、雑誌名・著書名、出版社を整理する。そして、具体的な執筆年や論文名・記事名は、第3節近藤益雄著作年表として掲げることにした。なお、『近藤益雄著作集』の年表との重複を避けるため、本章で明らかになった資料は補遺として※印を示して区別しておくことにした。調査対象となった資料数については表11-4に計上しておいた。本章では、紙幅の都合もあり、第2期の著作年表を提示することに留める。

## 表11-2 第2期（1927〜49）の文献

| 研究会名・編者 | 雑誌名・著書名 | 出版社 |
|---|---|---|
| 菊地知勇 | 綴方教育 | 文録社 |
| 千葉春雄 | 綴方倶楽部 | 東宛書房 |
| 小砂丘忠義 | 綴方生活 | 東京文園社 |
| 菊地知勇<br>入江道夫他 | 綴方行動<br>綴方研究 | 綴方行動社 |
| 成田忠久 | 北方教育 | 北方教育社 |
| 児童の村生活教育研究会 | 生活学校 | 厚生閣　扶桑閣 |
| 周郷博 | 6・3教室 | 新教育協会 |
| 百田宗治 | 工程　綴方学校 | 椎の木社 |
| 千葉春雄 | 教育・国語教育<br>教育・国語 | 厚生閣<br>厚生閣 |
| 百田宗治 | 教室 | 厚生閣 |
| 佐々井秀緒<br>稲村謙一他 | 国・語・人 | 伯西教育社 |
| 日本民主主義教育研究会 | 明るい学校<br>あかるい教育 | 明かるい学校社 |
| 全日本社会教育連合会 | 教育と社会<br>社会教育 | 大蔵省 |
| 近藤益雄 | 子どもと生きる | 東陽閣 |
| 近藤益雄 | 春来るころの子たち | 第百書房 |

## 表11-3 第3期（1950〜64）の文献

| 研究会名・編者 | 雑誌名・著書名 | 出版社 |
|---|---|---|
| 日本作文の会 | 作文研究<br>作文(先生と生徒)<br>作文と教育 | 百合出版 |
| 日本ローマ字教育協議会 | ことばの教育 | ローマ字教育会 |
| 平湯一仁 | 母と子 | 東西文明社<br>蒼生社 |
| 教育科学研究会 | 教育 | 国土社 |
|  | 教育手帖 | 日本書籍 |
|  | 児童心理 | 金子書房 |
| 全国生活指導研究協議会 | 生活指導 | 明治図書 |
| 教育と医学の会 | 教育と医学 | 慶応通信 |
| 全日本特殊教育研究連盟 | 児童心理と精神衛生 | 牧書店 |
| 全日本特殊教育研究連盟 | 精神薄弱児研究 | 日本文化科学社 |
| 近藤益雄他 | 精神遅滞児の生活教育 | 牧書店 |
| 近藤益雄 | この子らも・かく | 牧書店 |
| 近藤益雄 | おくれた子どもの生活指導 | 明治図書 |
| 近藤益雄 | なずなの花の子ら | 新評論社 |

表11-4 本章での対象資料数

| 年 | 調査した資料数 |
|---|---|
| 1927 | 0件 |
| 1928 | 1 |
| 1929 | 0 |
| 1930 | 3 |
| 1931 | 2 |
| 1932 | 6 |
| 1933 | 36 |
| 1934 | 23 |
| 1935 | 14 |
| 1936 | 23 |
| 1937 | 9 |
| 1938 | 4 |
| 1939 | 13 |
| 1940 | 8 |
| 1941 | 8 |
| 1942 | 4 |
| 1943 | 0 |
| 1944 | 2 |
| 1945 | 3 |
| 1946 | 4 |
| 1947 | 6 |
| 1948 | 16 |
| 1949 | 11 |
| 合　計 | 196 |

| 年 | 調査した資料数 |
|---|---|
| 1950 | 17件 |
| 1951 | 25 |
| 1952 | 24 |
| 1953 | 30 |
| 1954 | 15 |
| 1955 | 19 |
| 1956 | 12 |
| 1957 | 26 |
| 1958 | 12 |
| 1959 | 20 |
| 1960 | 18 |
| 1961 | 13 |
| 1962 | 20 |
| 1963 | 12 |
| 1964 | 16 |
| (1965) | (5) |
| 合　計 | 279(5) |

## 第3節　近藤益雄著作年表（筆者作成　※補遺を示す）

| 整理番号 | 執筆年 | 論文名・記事名 | 出典／誌号・巻号 | 出版社 | 備考／再録関係等 |
|---|---|---|---|---|---|
| ※1 | 1925 以降 | 句誌「層雲」「炬火」「近代詩歌」「日本詩人」「詩神」等に作品を発表 | | | |
| ※2 | 1928 | 童詩　朝のふみきり | 赤い鳥　2月号 | 赤い鳥社 | |
| ※3 | 1930 | 生活裁断 | 綴方生活　8月号 | 東京文園社 | |
| 4 | | 子供ノ詩 | 1号～21号 | 上志佐校 | |
| 5 | | 詩集「海」 | | 日本文学協会 | 著作集　第7巻 |
| ※6 | 1931 | 生活往来 | 綴方生活　9月号 | 東京文園社 | |
| 7 | | 童謡集「狐の提灯」 | | 子どもの詩研究会 | 著作集　第7巻 |
| ※8 | 1932 | 児童作品の研究 | 北方教育　7月号 | 北方教育社 | |
| ※9 | | 綴方の一分野としての童話に就いて | 北方教育　11月号 | 北方教育社 | |
| ※10 | | 1朝、2センチメンタル楽手 | 北方教育　11月号 | 北方教育社 | |
| ※11 | | 児童作品の研究―第9回― | 北方教育　11月号 | 北方教育社 | |
| ※12 | | 南方離島句抄 | 北方教育　11月号 | 北方教育社 | |
| 13 | | 文集「てんぐさ」「朝の花粉」「勉強兵隊」1号 | | 小値賀校尋四 | |
| ※14 | 1933 | 島の正月 | 教育・国語教育　1月号 | 厚生閣 | |
| ※15 | | 尋三　綴方指導実際案 | 教育・国語教育　1月号 | 厚生閣 | |
| ※16 | | 尋三　綴方指導実際案 | 教育・国語教育　2月号 | 厚生閣 | |
| ※17 | | 尋三　綴方指導実際案 | 教育・国語教育　3月号 | 厚生閣 | |
| ※18 | | 尋四　綴方指導実際案 | 教育・国語教育　4月号 | 厚生閣 | |
| ※19 | | 尋四　綴方指導実際案 | 教育・国語教育　5月号 | 厚生閣 | |
| ※20 | | 鮮明な素描 | 教育・国語教育　6月号 | 厚生閣 | |
| ※21 | | 尋四　綴方指導実際案 | 教育・国語教育　6月号 | 厚生閣 | |
| ※22 | | 尋四　綴方指導実際案 | 教育・国語教育　7月号 | 厚生閣 | |
| ※23 | | 難航 | 教育・国語教育　9月号 | 厚生閣 | |
| ※24 | | 尋四　綴方指導実際案 | 教育・国語教育　9月号 | 厚生閣 | |
| ※25 | | 尋四　綴方指導実際案 | 教育・国語教育　10月号 | 厚生閣 | |
| ※26 | | 尋四　綴方指導実際案 | 教育・国語教育　11月号 | 厚生閣 | |
| ※27 | | 綴り方一年を顧みて | 教育・国語教育　11月号 | 厚生閣 | |
| ※28 | | 尋四　綴方指導実際案 | 教育・国語教育　12月号 | 厚生閣 | |
| ※29 | | 句「とびの影も……」 | 北方教育　1月号 | 北方教育社 | |
| ※30 | | 綴方の一分野としての童話に就いて（二） | 北方教育　1月号 | 北方教育社 | |
| ※31 | | 句2つ | 北方教育　1月号 | 北方教育社 | |
| ※32 | | 児童作品の研究 | 北方教育　1月号 | 北方教育社 | |
| ※33 | | 綴方の一分野としての童話に就いて（三） | 北方教育　5月号 | 北方教育社 | |

| 整理番号 | 執筆年 | 論文名・記事名 | 出典／誌号・巻号 | 出版社 | 備考／再録関係等 |
|---|---|---|---|---|---|
| ※34 | | 児童作品の研究―第11回― | 北方教育　5月号 | 北方教育社 | |
| ※35 | | 初夏素描 | 北方教育　8月号 | 北方教育社 | |
| ※36 | | （民謡）霧 | 北方教育　8月号 | 北方教育社 | |
| ※37 | | ヤア！ | 北方教育　8月号 | 北方教育社 | |
| ※38 | | 児童作品の研究―第12回― | 北方教育　8月号 | 北方教育社 | |
| ※39 | | 童詩閑談 | 綴方生活　6月号 | 厚生閣 | |
| ※40 | | 島の子ら抄（短歌） | 綴方生活　6月号 | 厚生閣 | |
| ※41 | | 朝（童謡） | 綴方生活　10月号 | 厚生閣 | |
| ※42 | | 詩教育報告書―回想風な― | 綴方教育　1月号 | 文録社 | |
| ※43 | | 綴方教育に参じて | 新綴方教育　10月号 | 啓仁館 | |
| ※44 | | 文語　調べる綴り方に就いて | 綴方倶楽部　特集号 | 東宛書房 | |
| ※45 | | 霧（民謡） | 国・語・人　7月号 | 伯西教育社 | 北方教育　8月号 |
| ※46 | | 俳句　向夏習作 | 国・語・人　7月号 | 伯西教育社 | |
| ※47 | | 何を読み何を考ふるか | 国・語・人　7月号 | 伯西教育社 | |
| ※48 | | 児童詩に関する報告―稲村謙一への手紙― | 国・語・人　10月号 | 伯西教育社 | |
| 49 | | 文集「勉強兵隊」2、3号 | | 小値賀校 尋四 | |
| ※50 | 1934 | 尋四　綴方指導実際案 | 教育・国語教育　1月号 | 厚生閣 | |
| ※51 | | 美奈川さんへ | 教育・国語教育　2月号 | 厚生閣 | |
| ※52 | | 尋四　綴方指導実際案 | 教育・国語教育　3月号 | 厚生閣 | |
| ※53 | | 尋二　綴方指導案 | 教育・国語教育　3月号 | 厚生閣 | |
| ※54 | | 尋二　綴方指導案 | 教育・国語教育　6月号 | 厚生閣 | |
| ※55 | | アンケート"最近の御意見拝聴" | 教育・国語教育　7月号 | 厚生閣 | |
| ※56 | | 尋二　綴方指導案 | 教育・国語教育　9月号 | 厚生閣 | |
| ※57 | | （読書欄）に有り | 教育・国語教育　10月号 | 厚生閣 | |
| ※58 | | 尋二　綴方指導案 | 教育・国語教育　11月号 | 厚生閣 | |
| ※59 | | 島の学校／島の神主 | 北方教育　1月号 | 北方教育社 | |
| ※60 | | 句"ひるを……" | 北方教育　1月号 | 北方教育社 | |
| ※61 | | 網揚げ | 北方教育　8月号 | 北方教育社 | |
| ※62 | | 指導案 | 新綴方教育　1月号 | 啓仁館 | |
| ※63 | | 童話　御絞付／詩1月1日 | 綴方倶楽部　新年号 | 東宛書房 | |
| ※64 | | 私の調べる綴り方 | 綴方倶楽部　3月特集号 | 東宛書房 | 梅根他『資料日本教育実践史2』(1979) |
| ※65 | | 童詩を工作する | 綴方倶楽部　5月特集号 | 東宛書房 | |
| ※66 | | 生活を観察する | 綴方倶楽部　10月特集号 | 東宛書房 | |
| ※67 | | ―我等の提唱―村の学芸会提唱 | 国・語・人　1月号 | 伯西教育社 | |

| 整理番号 | 執筆年 | 論文名・記事名 | 出典／誌号・巻号 | 出版社 | 備考／再録関係等 |
|---|---|---|---|---|---|
| ※68 | | (詩) 遠足 | 国・語・人 4月号 | 伯西教育社 | |
| ※69 | | 日記抄 | 国・語・人 7月号 | 伯西教育社 | |
| 70 | | 童謡集「五島列島」 | | 北方教育社 | 著作集 第7巻 |
| 71 | | 子供と共に (私の教育反省記録) | | | 『作文と教育』(1965.2) 遺稿連載、ノート |
| 72 | | 「綴方選手」1号〜 | | 田助校 | プリント |
| ※73 | 1935 | 児童詩実践覚書 | 教育・国語教育 8月号 | 厚生閣 | |
| ※74 | | 尋五 綴方指導案 | 教育・国語教育 10月号 | 厚生閣 | |
| ※75 | | 尋五 綴方指導案 | 教育・国語教育 12月号 | 厚生閣 | |
| ※76 | | 僕の見た僕、私の見た私 | 国・語・人 10月号 | 伯西教育社 | |
| ※77 | | 爐端に想ふ | 工程 3月号 | 椎の木社 | |
| ※78 | | 不備な答案―長い詩の存在理由に関する― | 工程 6月号 | 椎の木社 | |
| ※79 | | 小閑 | 工程 8月号 | 椎の木社 | |
| 80 | | 詩集「仲よし村」1号〜10号 | | 田助校 | プリント |
| 81 | | 児童詩指導系統案 (高等科) | 生活教育を新組織せる文詩指導系統案 | 東宛書房 | |
| 82 | | 思うこと | 新樹 11月号 | 新樹社 | |
| 83 | | 「孝行」の実践 | 新樹 11月号 | 新樹社 | |
| 84 | | 児童作品評 | 新樹 12月号 | 新樹社 | |
| 85 | | 童詩二篇 | 新樹 12月号 | 新樹社 | |
| 86 | | 童謡詩「ほたるの子」 | | | 原稿用紙21枚 |
| ※87 | 1936 | 尋五 綴方指導案 | 教育・国語教育 2月号 | 厚生閣 | |
| ※88 | | 李白詩抄 | 教育・国語教育 4月号 | 厚生閣 | |
| ※89 | | 尋五 綴方指導案 | 教育・国語教育 4月号 | 厚生閣 | |
| ※90 | | 教育実践の中で児童詩を検討する | 教育・国語教育 5月号 | 厚生閣 | |
| ※91 | | 尋五 綴方指導案 | 教育・国語教育 6月号 | 厚生閣 | |
| ※92 | | 南方風土記 | 教育・国語教育 8月号 | 厚生閣 | |
| ※93 | | 月・夜 | 教育・国語教育 8月号 | 厚生閣 | |
| ※94 | | 尋五 綴方 | 教育・国語教育 9月号 | 厚生閣 | |
| ※95 | | 私信的文詩集印象記 | 教育・国語教育 10月号 | 厚生閣 | |
| ※96 | | 詩 新涼発信 | 教育・国語教育 11月号 | 厚生閣 | |
| ※97 | | 私信的文詩集印象記 | 教育・国語教育 11月号 | 厚生閣 | |
| ※98 | | 尋五 綴方 | 教育・国語教育 11月号 | 厚生閣 | |
| ※99 | | 童謡 面会 | 教育・国語教育 11月号 | 厚生閣 | |
| ※100 | | 最近注意を惹かれた文集 | 工程 7月号 | 椎の木社 | |
| ※101 | | 平戸から | 工程 8月号 | 椎の木社 | |

第11章　近藤益雄の文献整理　187

| 整理番号 | 執筆年 | 論文名・記事名 | 出典／誌号・巻号 | 出版社 | 備考／再録関係等 |
|---|---|---|---|---|---|
| ※102 |  | "今年の収穫"に有り | 生活学校　12月号 | 扶桑閣 |  |
| 103 |  | 児童詩を端緒にしての感想 | 新樹　1月号 | 新樹社 |  |
| 104 |  | 新樹へのことば | 新樹　1月号 | 新樹社 |  |
| 105 |  | 新人へおくることば | 新樹　3月号 | 新樹社 |  |
| 106 |  | 子どもはなやむ | 新樹　3月号 | 新樹社 |  |
| 107 |  | 児童の生活文化と生活意欲 | 新樹　4月号 | 新樹社 |  |
| 108 |  | 綴方と生活 | 新樹　9月号 | 新樹社 |  |
| 109 |  | 紙代・誕生会など | 生活学校　12月号 | 扶桑閣 | 梅根他『資料日本教育実践史2』(1979) |
| ※110 | 1937 | 孤島 | 教育・国語教育　1月号 | 厚生閣 |  |
| ※111 |  | 尋五　綴方 | 教育・国語教育　1月号 | 厚生閣 |  |
| ※112 |  | 痛い青写真 | 教育・国語教育　3月号 | 厚生閣 |  |
| ※113 |  | 或る教師への手紙〈綴方に関して〉 | 教育・国語教育　5月号 | 厚生閣 |  |
| ※114 |  | 漁村圖（詩） | 教育・国語教育　7月号 | 厚生閣 |  |
| ※115 |  | 尋四　指導案 | 教育・国語教育　7月号 | 厚生閣 |  |
| ※116 |  | 詩　海圖 | 教育・国語教育　8月号 | 厚生閣 |  |
| ※117 |  | 国語人から雑誌編集者へ | 国・語・人　1月号 | 伯西教育社 |  |
| 118 |  | 児童生活研究所報告 | 生活学校　11月号 | 扶桑閣 |  |
| ※119 | 1938 | 消えた子供会 | 教育　5月号 | 岩波書店 |  |
| 120 |  | 答案―長い詩の存在理由 | 綴方教程 | 厚生閣 | 初出は整理番号78 後『児童生活詩の理論と実践』(1953) |
| 121 |  | えい子「きえた子供会」 |  | 平戸児童生活研究所 | パンフ　第4号 |
| 122 |  | うたいながらの仕事 | 綴方学校　12月号 | 椎の木社 |  |
| ※123 | 1939 | 特集:全日本国語人誌上コンクール　九州地方：編集記 | 教育・国語　8月号 | 厚生閣 |  |
| ※124 |  | 特集:全日本国語人誌上コンクール「随筆風に」 | 教育・国語　8月号 | 厚生閣 |  |
| ※125 |  | 学級文化の方向 | 教育・国語　12月号 | 厚生閣 |  |
| ※126 |  | アンケート回答 | 綴方学校　10月号 | 椎の木社 |  |
| 127 |  | 私の「母と子供の会」覚え書 | 綴方学校　1月号 | 椎の木社 | 著作集　第1巻 |
| 128 |  | 綴方の実践を語る |  |  | 原稿 |
| 129 |  | 童話　せみのぬけ殻を集める |  |  | ノート |
| 130 |  | 瞳　10月号 |  | ひとみの会 | プリント |
| 131 |  | 綴方と方言 | 綴方学校　11月号 | 椎の木社 | 著作集　第1巻 |
| 132 |  | 児童文化の浸透性 | 新樹　11月号 | 新樹社 |  |
| 133 |  | 学級通信　子どものために　1号～14号 |  | 田助校 |  |
| 134 |  | 学級通信家族新聞　15号～19号 |  | 田助校 |  |
| 135 |  | 文集みつばち　1号～16号 |  | 田助校 |  |

| 整理番号 | 執筆年 | 論文名・記事名 | 出典／誌号・巻号 | 出版社 | 備考／再録関係等 |
|---|---|---|---|---|---|
| ※136 | 1940 | 教室と家庭をつなぐもの | 教育・国語 2月号 | 厚生閣 | |
| ※137 | | 或る日の教室 | 教室 6月号 | 厚生閣 | |
| 138 | | 些細な問題 | 綴方学校 1月号 | 椎の木社 | 著作集 第1巻 |
| 139 | | 「綴る生活の指導法」と私たち | 教育・国語 3月号 | 厚生閣 | |
| 140 | | 窓辺雑記・静かなとき・路傍の草 | 新樹 3月号 | 新樹社 | |
| 141 | | 農村教室の実体の上に | 教室 4月号 | 厚生閣 | 『作文と教育』(1965.3) 遺稿連載 |
| 142 | | 窓辺雑記 雨の日・机と子ども | 新樹 5月号 | 新樹社 | |
| 143 | | 平野婦美子論 | 教育 8月号 | 岩波書店 | |
| 144 | 1941 | 薫紙詩集 | | | プリント |
| 145 | | 子どもと生きる | | 東陽閣 | 単行本、著作集 第1巻 |
| 146 | | 日記 | | | ノート |
| 147 | | 子どもの見方―教師より母へ― | 教室 4月号 | 厚生閣 | |
| 148 | | 母の会のこと | | | 原稿用紙 |
| 149 | | 児童文化と綴方―主として日記について | 教室 5月号 | 厚生閣 | 著作集 第1巻 |
| 150 | | 青少年の文化について | | | 原稿用紙 |
| 151 | | えい子「厨にありて」 | | 東陽閣 | 単行本 |
| 152 | 1942 | 春来るころの子たち | | 第百書房 | 単行本 |
| 153 | | 一月一日のうた | 綴方倶楽部 1月号 | 東宛書房 | |
| 154 | | 日記 | | | ノート |
| 155 | | 三年二組教育記録 | | | ノート |
| 156 | 1944 | 日記 | | | ノート |
| 157 | | 一年一組記録 | | | ノート |
| 158 | 1945 | 童牛学人随筆 | | | ノート |
| 159 | | 童牛雑記 | | | ノート |
| 160 | | 日記 | | | ノート |
| 161 | 1946 | 文集「花粉」7号 | | 平戸高女文芸部 | |
| 162 | | 女子教育の在り方について | 教育展望 5号 | 平戸文化協会 | |
| 163 | | 女学生の文章 | | | 原稿用紙、著作集補巻 |
| 164 | | 日記 | | | ノート |
| 165 | 1947 | 俳句 身辺雑記 | 明るい学校 3号 | 明かるい学校社 | |
| 166 | | 村の中学校から | 教育と社会 7月号 | 社会教育連合会 | |
| 167 | | 子どものための詩 | 生活学校 8月号 | 巖松堂書店 | 著作集 第7巻 |
| 168 | | 公民館経営一ヶ月 | | | 原稿用紙、著作集補巻 |
| 169 | | 村の文化運動について | | | 原稿用紙、著作集補巻 |

## 第11章　近藤益雄の文献整理　189

| 整理番号 | 執筆年 | 論文名・記事名 | 出典／誌号・巻号 | 出版社 | 備考／再録関係等 |
|---|---|---|---|---|---|
| 170 | | 過渡期の苦悶 | 国語創造　7号 | 教新社 | 著作集補巻 |
| 171 | 1948 | 俳句 | | | ノート |
| 172 | | 子どもと生きる | | | 再版単行本、整理番号145 |
| 173 | | 地方の一人として | 明かるい教育　3月号 | 民主主義教育協会 | 著作集補巻 |
| 174 | | 生活教育と綴方教育 | 6・3教室　3月号 | 新教育協会 | 『作文と教育』(1965) 遺稿連載、著作集　第1巻 |
| 175 | | 新制中学一年を反省する | 平戸文化　2号 | 平戸文化協会 | |
| 176 | | 家庭訪問の手引 | | | ノート |
| 177 | | 実践を語る | 平戸文化　4号 | 平戸文化協会 | 著作集補巻 |
| 178 | | 少年少女と社会 | 6・3教室　8月号 | 新教育協会 | 著作集補巻 |
| 179 | | 大関松三郎についてのノート | 教育生活　9月号 | 新世界社 | 著作集　第1巻 |
| 180 | | 現職教育シリーズ | | | プリント |
| 181 | | ハラダクシイニンテイコウシュウカイ | | | ノート |
| 182 | | 子供とともにあれ | | | ノート |
| 183 | | 校長不用論反対 | | 朝日新聞社 | 投書、著作集補巻 |
| 184 | | 低学年の先生方へ─指導案読後感─ | | | プリント、著作集補巻 |
| 185 | | 炭坑から来た先生 | | | 原稿用紙、著作集補巻 |
| 186 | | 鈍古先生遍歴記 | | | ノート |
| ※187 | 1949 | えい子「ミルクたきのおばさんになって」 | 教育と社会　3月号 | 社会教育連合会 | |
| ※188 | | 社会教育の夢と現実 | 教育と社会　4月号 | 社会教育連合会 | |
| 189 | | 日記 | | | ノート |
| 190 | | あえて言う | 6・3教室　4月号 | 新教育協会 | 著作集補巻 |
| 191 | | 教育記録 | | | |
| 192 | | 毛筆習字復活論 | | | 原稿用紙、著作集補巻 |
| 193 | | 小学校における学力低下の問題 | 6・3教室　8月号 | 新教育協会 | 著作集補巻 |
| 194 | | カリキュラム試論 | 6・3教室　10月号 | 新教育協会 | 著作集補巻 |
| 195 | | 社会教育における小学校教師の任務 | 教育と社会　10月・11月号 | 社会教育連合会 | 著作集補巻 |
| 196 | | 自伝・潮風に育つ | | | ノート |
| 197 | | 忘れられた家庭訪問の途 | 6・3教室　12月号 | 新教育協会 | 著作集補巻 |

## 第4節　おわりに

　1949年までの生活綴方教育の実践期の文献を整理することは、その後の精神薄弱児教育観の基底を明確にする作業にもなろう。ここでは、生活と教育を追求した教育姿勢から以下のまとめを述べておきたい。
　筆者は、知的障害児者への教育福祉実践における「生活と教育の結合」という視点を想起させられる。実践が障害によってひきおこされる発達の制約や生活上の困難を解きほぐし、いっそうの発達を保障していくというプロセスへの追求でもあった。それは、まずもって、子どもの生活現実を豊かにするようなという意味で、障害児教育福祉実践の内容と方法をとらえなおすという側面をもち合わせていた。さらに、子どもの興味・関心や意欲に寄り添いながら、現実生活に応用され実際の生活問題解決力として定着をめざすという意味で、指導をとらえていたのであった。近藤益雄の指導観においては、「生活に帰す」という視点が絶えず根底的にみえるが、生活実態や子どもの内面に即した、生きる力や生きて働く力を育むことを求めていたのである。つまり、生活を切り拓く力、生活を考える力、生活を見通す力を形成するための実践であったと評価できよう[3]。

【注】
(1) 清水寛「近藤益雄」(精神薄弱問題史研究会『人物でつづる障害者教育史〈日本編〉』、pp.186～187、1988年)。
(2) 津曲裕次『精神薄弱問題史概説』、p.72、p.74、1980年。
(3) 小川英彦「書評『写真記録この子らと生きて』『写真記録この子どもに生きる』」(日本社会福祉学会中部部会『中部社会福祉学研究』創刊号、pp.57～59、2010年)。

## あとがき

本書が意図したものは、次の点であった。

第一に、障害児の教育と福祉の両分野を対象として捉えようとする視点である。教育は教育の、福祉は福祉のそれぞれの固有の役割はあるが、ひとりの障害のある人にとってみれば、ライフステージで教育と福祉の両分野の場で生きているのである。

第二に、「アーカイブスの活用へ」寄与しようとする視点である。教育と福祉と医療などの分野で重要と考えられる資料の発掘、整理、保存の作業である。

第三に、後世の障害児教育福祉史研究の発展に、これから研究活動に尽力されようとしている研究者の一助になればという位置づけである。

拙い内容がみられるといった課題はあるものの、小生が長年にわたって自分なりに努力して、資料を求めてきた研究成果の一端である。

ここに刊行を通してパブリックなものとして公にすることができたのは、資料が残存している市町の図書館、大学（教育学系、社会福祉学系、医学系）の図書館、教育センターや教育委員会の資料室、園・学校・施設の書棚などで、閲覧するときにあたたかいお力添えがあったからである。この場を借りて感謝申し上げたい。

そして、小生を歴史研究へと道をひらいてくださった今は亡き愛知教育大学大学院時代の恩師の田中勝文先生（教授）のあたたかい教えとひたむきな研究姿勢があったからである。

加えて、社会事業史学会『社会事業史研究』、精神薄弱問題史研究会『精神薄弱問題史研究紀要』改題『障害者問題史研究紀要』では、会員として学びの場を与えていただいた。

末尾になったが、刊行にあたっては三学出版の中桐信胤様には、拙著

『障害児教育福祉の歴史－先駆的実践者の検証―』（2014 年 5 月 5 日発行）でもたいへんお世話になった。
　満 59 歳の誕生日に、発行という小生の願いを実現させることができたことは、皆様の支えがあったからである。

愛知教育大学幼児教育講座

小川　英彦

初出一覧

　本書を刊行するにあたって、以下の過去に発表した論文を拠り所としていることを明しておく。

第1章
「障害児の保護と教育の起こりに関する研究」（岡崎女子短期大学『研究紀要』、第31号、pp.109 〜 116、1998年）。

第2章
「知的障害児の保護と教育、その社会史的考察－石井亮一の孤女学院、滝乃川学園設立をめぐって－」（岡崎女子短期大学『研究紀要』、第35号、pp.97 〜 106、2002年）。

第3章
「『療育』概念の成立に関する研究」（鉄道弘済会『社会福祉研究』、第57号、pp.95 〜 102、1993年）。

第4章
「障害児教育史における生活綴方実践」（愛知教育大学幼児教育講座『幼児教育研究』、第18号、pp.11 〜 18、2015年）。

第5章
「生江孝之の保育事業の特徴についての一考察」（愛知教育大学幼児教育講座『幼児教育研究』、第16号、pp.9 〜 15、2012年）。

第6章
「愛知の先駆的実践者杉田直樹の『治療教育』観の変遷－戦前における主要論文の調査を通して－」（至学館大学『教育研究』、第18号、pp.25 〜 35、2016年）。

第7章
「戦前における『障害者福祉』関係文献目録－主な社会福祉関係雑誌の整理を通して－」
（日本社会福祉学会『社会福祉学』、第32 〜 1号、pp.191 〜 219、1991年）。

第8章
「戦前における『障害者福祉』関係文献目録（Ⅱ）－主要な社会福祉雑誌を中心に－」（岡崎女子短期大学『研究紀要』、第32号、pp.111 〜 119、1999年）。

第9章
「戦前における障害児保育に関する研究－保育問題研究会機関紙『保育問題研究』の記述を整理して－」（愛知教育大学幼児教育講座『幼児教育研究』、第14号、pp.11 〜 18、2009年）。

第10章
「わが国における治療教育学説史の動向－杉田直樹の資料文献の整理を通して－」（社会事業史研究会『社会事業史研究』、第19号、pp.133 〜 147、1991年）。

第11章
「知的障害児の教育と福祉の先駆者近藤益雄の著作に関する調査－その1：1927年から1949年までを対象に－」（日本福祉大学社会福祉学会『福祉研究』、pp.61 〜 70、1998年）。

## 事項・人名索引

【あ】
愛される障害児　55
ICF　95
愛知教育大学　100
愛児　134
**青木誠四郎**　149　156

【い】
石井亮一　18
岩崎佐一　18　140
糸賀一雄　48　140
一斉指導　60
生きる力　64　190
一番ケ瀬康子　70
異常児ノ病理及教育法　82
異常児童の病理　82
育児雑誌　134
異常児の問題　151　152
伊藤良子　152
岩波教育学辞典　152
異常児　157

【う】
牛島義友　152

【え】
江口季好　59

【お】
乙竹岩造　6
小川利夫　12　49
大野英子　56
岡田正章　70
恩賜財団愛育会愛育研究所　146

【か】
加藤康昭　7
学制　8

川田貞治郎　18　140
**柏倉松蔵**　37
柏学園　38
学力　56　60
学習指導　56
**菅修**　89
環境要因　95
感化教育　134
環境　158
観察　158

【き】
京都盲啞院　9
教育時論　24
教育課程の構造化　56
教科指導　60　64
教科　62
教育と福祉の統一的保障　77
教育病理学　82
**岸本鎌一**　84
教育研究所　101
救済事業研究会　101
救済研究　120
京都府社会事業協会　134
**菊池正治**　140
**城戸幡太郎**　146
教育(岩波書店)　150
気になる子ども　157
記録　158

【く】
クリュッペルハイムに就て　39
クリュッペル　40
クリュッペル医治教護事業　41
**倉橋惣三**　68
**呉秀三**　82
**久保良英**　134

【け】
経験主義　55
系統的な学び　64

【こ】
孤女学院　18
国民の友　22
**小林提樹**　48　140
**近藤益雄**　53　140　178
個別指導　60
ことばを育てる　64
厚生時報　134
子供の研究　134
子供の喧嘩　148
個別的指導研究　155
子ども理解　159
近藤益雄著作集　178

【さ】
作文教育　60
**坂爪セキ**　61
**榊保三郎**　82
**三田谷啓**　82
雑誌別研究　131
佐々町立口石小学校　178

【し】
社会事業大年表　5　25
慈善事業　18
女学雑誌　25
恤救規則　27
児童福祉法成立資料集成　43
児童福祉法　46
島田療育園　48
自由詩　57
集団づくり　58
児童詩　59
指導の系統　61
集団の教育力　62　63

授業　64
授業論研究　64
児童保護　69
社会事業の父　70
社会事業綱要　70
児童保管所　73
児童の権利　74
社会的養護　75
社会病理学　82
児童精神病学　87
少年犯罪　87　92
障害者福祉　100　134
児童研究　102
慈善　116
社会と救済　116
社会事業　116
社会事業研究　120
社会福祉　127
障害者問題史研究紀要　130　191
人物史研究　130
児童研究所紀要　134
児童保護　134
社会時報　134
児童社会学会　134
児童　134
司法保護協会　134
少年保護　134
**清水寛**　140　179
実際的研究　146
自我　159
諸科学の関連　162
人権の実質的平等　178

【す】
**隅谷三喜男**　21
スラム　22
**杉田直樹**　82　140　162
**鈴木治太郎**　89
**杉田裕**　130　140

【せ】
生活と教育　32　190
整肢療護園　42
生活綴方　52　178
生活指導　56
生活単元学習　62
精神病学　86
専門性の発揮　94
精神医学　162
精神薄弱問題史研究会　130　140　191
精神薄弱問題史研究紀要　130　191
全国児童保護大会　154
生命の尊厳　178
生活に帰る　190

【た】
滝乃川学園　18　100
田代義徳　38
高木憲次　39
田中勝文　49　100　191
高田慎吾　68
大正デモクラシー　69
高橋智　100
田代国治郎　140

【ち】
治療と教育　42
昼間保育事業　76
治療教育学　82　86　162
痴愚　88
治療教育学説史研究　93
中央慈善協会　101
調査活動　147
治療教育思想　162

【つ】
津曲裕次　2　100　130

【て】
寺子屋　6
低能児及不良児の医学的考察　82
テオドル・ヘラー　93

【と】
都市下層社会　20
留岡幸助　74
東京府慈善協會報　101　127
東京府社会事業協會報　127
東京市養育院　149
特殊幼稚園　152　159
特別なニーズをもつ子ども　157
統合保育　159

【な】
仲新　29
なずな寮　53
生江孝之　68
名古屋少年審判所　86
名古屋市　95
名古屋帝国大学　162

【に】
日本庶民教育史　6
日本盲人社会史研究　7
認識力　61
乳児死亡率　75
日本精神神経学会　89
日本社会福祉学会　134
日本児童協会時報　134
日本感化教育会　134
日本少年教護協会　134
日本少年保護協会　134

【ね】
願い・要求　58
ネットワーク　94

【の】
濃尾大地震　18
のぎく寮　53　178
能力の獲得　63

【は】
癈人学校　8
廃娼論　26
配列　61
発達の原則　62
発達の段階・道すじ　62
原胤昭　74
犯罪心理学　86
白痴　88
Heilpädagogik　93
発達保障　95　178
波多野完治　149
白亜館会議　152
バリアフリー　158

【ひ】
貧児教育施設　30
びわこ学園　48
病理論　92

【ふ】
古河太四郎　9
文化　64
婦人と子ども　76
富士川游　82
分類・症候論　92
文庫研究　131
分離保育　159

【へ】
平和のための文化　178

【ほ】
方法論　92

保育問題研究会第三部会　146
保育問題研究　146
法政大学児童研究所　151

【ま】
松矢勝宏　2
松永義雄　89

【み】
みどり組　53
三宅鉱一　82

【も】
問題別研究　130

【や】
山室軍平　74
八事少年寮　87　162
矢野隆夫　140

【ゆ】
夢の楽園教療所　40
湯浅恭正　65

【よ】
吉田久一　21　68　131
要求　59
幼児教育　76

【り】
療育　36　94
理論的研究　146

【ろ】
魯鈍　88

【わ】
脇田良吉　140

**小川英彦**（おがわ　ひでひこ）
　1957年名古屋市生まれ。愛知教育大学幼児教育講座教授。名古屋市で13年間の障害児教育実践を積み、その後、短大を経て現在母校の教壇に立つ。日本保育学会、日本特殊教育学会、ＳＮＥ学会、社会事業史学会、日本社会福祉学会、日本教育学会などの会員。名古屋市教育委員会『名古屋教育史』編集委員会編さん助務者、愛知県教育・スポーツ振興財団研修講師、名古屋市立幼稚園の今後のあり方懇談会委員、阿久比町幼保小中教育一貫プロジェクト顧問、東海市特別支援児保育所入所等審査委員、愛知県保育実習連絡協議会会長、愛知県内の各市町の障害児保育や教育の研修講師を継続している。
　主な障害児教育福祉史研究の編共著として
『障害者教育・福祉の先駆者たち』（麗澤大学出版会、2006年）
『名古屋教育史Ⅰ　近代教育の成立と展開』（名古屋市教育委員会、2013年）
『名古屋教育史Ⅱ　教育の拡充と変容』（名古屋市教育委員会、2014年）
『障害児教育福祉の歴史－先駆的実践者の検証－』（三学出版、2014年）
『名古屋教育史Ⅲ　名古屋の発展と新しい教育』（名古屋市教育委員会、2015年）
『名古屋教育史資料編　資料でたどる名古屋の教育』（名古屋市教育委員会、2016年）がある。
　現在の研究分野は「障害児保育・教育の地域史及び人物史研究」である。
　座右の銘は「のんき　こんき　げんき」（近藤益雄の名言）である。

---

### 障害児教育福祉史の記録
　　―アーカイブスの活用へ―

---

2016年12月5日初版印刷
2016年12月28日初版発行

　　著　者　　小川英彦
　　発行者　　中桐信胤
　　発行所　　三学出版有限会社
　　　　　　〒520-0013　大津市勧学二丁目13-3
　　　　　　　　（TEL/FAX 077-525-8476）
　　　　　　　　http://sangaku.or.tv

---

ⓒ OGAWA Hidehiko　　　　　fe.16,1215DTP nn
　　　　　　　　　　　モリモト印刷（株）印刷・製本